臺灣歷史與文化 研究輯刊

十 二 編

第 1 冊

韓戰期間蔣中正的肆應（1950～1953）
——以三次援韓之議爲中心

陳 昱 瑋 著

花木蘭文化事業有限公司

國家圖書館出版品預行編目資料

韓戰期間蔣中正的肆應（1950～1953）——以三次援韓之議為
中心／陳昱瑋 著—初版—新北市：花木蘭文化事業有限公司，
2017〔民106〕
目 2+144 面；19×26 公分
（臺灣歷史與文化研究輯刊十二編；第1冊）
ISBN 978-986-485-152-2（精裝）
1. 中韓關係 2. 韓戰
733.08　　　　　　　　　　　　　　　　106014086

ISBN-978-986-485-152-2

9 789864 851522

臺灣歷史與文化研究輯刊
十二編　第 一 冊　　　　ISBN：978-986-485-152-2

韓戰期間蔣中正的肆應（1950～1953）
——以三次援韓之議爲中心

作　　者　陳昱瑋
總 編 輯　杜潔祥
副總編輯　楊嘉樂
編　　輯　許郁翎、王筑　美術編輯　陳逸婷
出　　版　花木蘭文化事業有限公司
社　　長　高小娟
聯絡地址　235 新北市中和區中安街七二號十三樓
　　　　　電話：02-2923-1455／傳眞：02-2923-1452
網　　址　http://www.huamulan.tw 信箱 hml810518@gmail.com
印　　刷　普羅文化出版廣告事業
初　　版　2017 年 9 月
全書字數　150722 字
定　　價　十二編 13 冊（精裝）台幣 26,000 元

版權所有・請勿翻印

韓戰期間蔣中正的肆應（1950～1953）
——以三次援韓之議爲中心

陳昱瑋　著

作者簡介

陳昱瑋，1989 年生於高雄。國立中興大學歷史系學士、碩士。現爲高中歷史教師。

認爲歷史是由人與人之間交織而成的。對於歷史研究，偏好以人物爲中心，透過日記、回憶錄、手稿，輔以官方檔案作爲交叉分析，企圖以接近本人的角度，闡述不同面向的歷史，也能更了解歷史上的這些人物，是以何種思維做出那些重大的決定。

研究領域爲中國近現代史、民國人物史、中美關係史。畢業論文爲《韓戰期間蔣中正的肆應（1950 ～ 1953）》。

提　　要

1949 年 12 月，蔣中正決議遷臺，以期在臺灣「另起爐灶」。次年 3 月，蔣中正復行視事，復位中華民國總統，試圖在臺灣重新振作，力求反攻大業。甫遷臺的蔣中正，面臨中共進逼的壓力，被迫相繼撤離海南島與舟山群島，以集中兵力保衛臺、澎地區。另一方面，美國總統杜魯門（Harry S. Truman）也發表放手宣言。面對美國準備放棄中華民國的態度，蔣中正則積極斡旋，企圖恢復美國對中華民國的援助。

1950 年 6 月 25 日，韓戰爆發，3 天後，杜魯門宣布「臺海中立化」。讓蔣中正有了喘息的機會，也因南韓總統李承晚向蔣中正請求支援，以及聯合國發布通知要求會員國協助南韓，令蔣中正決議「派軍援韓」。總計韓戰期間共有三次派軍援韓之議，三次之提出與未果之因皆有差異。

首次援韓之議，蔣中正急欲把握機會，積極規劃派軍事宜，欲藉此機會再與美國恢復合作，但美國顧忌蔣中正的介入，會使局面更加複雜，於是予以婉拒蔣中正；二次援韓之議，乃於中共參戰後，聯軍遭到反撲，麥克阿瑟急需支援，國軍爲現成戰力。起初蔣中正認爲中共參戰，聯軍勢必主動提出國軍援韓，乃主張國軍應趁勢反攻，未料美國企圖以外交斡旋手段結束韓戰，蔣中正暫時放下反攻想法；第三次援韓之議，則由美國主動提出，因停戰談判延宕，美國欲動用國軍打破僵持態勢。然而，並非讓國軍直接援韓，而是提出進攻海南島之計畫，以做牽制中共之用。但蔣中正已積極主張反攻大陸，對進攻海南興致缺缺，雙方並無共識，此議最終仍宣告破局。

三次援韓之議的過程中，可看出蔣中正對於派軍援韓之態度隨韓戰局勢之變化展現不同的因應思維，本文則以三次援韓之議爲中心，探討蔣中正於韓戰期間的肆應。

目

次

第一章 緒 論

第一節 本文主旨與研究目的

一、臺灣轉危爲安的關鍵時刻

　　1949 年 12 月 7 日，國共內戰接連失利下，蔣中正決意將中華民國政府遷移臺灣；隨後 10 日，其偕子蔣經國抵達臺北。遷臺後的中華民國，在軍事上持續面臨中共進攻壓力，領土僅剩大陸內地的西昌一帶，與沿海的臺、澎、金、馬、海南、舟山等離島地區，形勢危急萬分。

　　如此內外交迫的窘境下，蔣中正仍力圖在臺「另起爐灶」，認爲「此時只可盡心盡力，保衛臺灣爲自立自強之基點，首在社會經濟與軍費之解決；其次爲社會民眾組訓與防空之準備；其三爲海空軍用油之購備。」〔註1〕並決心復出主政，以拯救危局：「此時實爲國家命運決於俄頃之際，若不毅然復位，不惟僅存之臺灣根據地不保，中華民族眞將永無翻身自由之日。」〔註2〕1950年 3 月 1 日，遂宣布復行視事，復位中華民國總統，試圖在臺灣重新振作，力求反攻大業。

　　先是 1949 年 8 月，美國發表對華白皮書（The China White Paper），似已決心「袖手旁觀」，準備放棄中華民國，靜靜等待中國內戰結束。接著 1950

〔註1〕　呂芳上主編，《蔣中正先生年譜長編》，第九冊（臺北：國史館，2015 年初版），頁 433，1950 年 1 月 15 日條。
〔註2〕　呂芳上主編，《蔣中正先生年譜長編》，第九冊，頁 448，1950 年 2 月 14 日條。

年 1 月，美國總統杜魯門（Harry S. Truman）發表宣言，強調不會給予在臺灣的中國軍隊任何軍事援助，持續放手，坐觀其變。所以蔣中正復行視事後，面臨中共進逼的壓力，決議將兵力集中，全心保衛臺灣。

1950 年 4、5 月間，國軍相繼撤守海南、舟山，增強臺灣的防衛；另一方面，蔣透過前第七艦隊司令官柯克（Charles Cooke），試圖爭取在東京的盟軍總司令麥克阿瑟（Douglas MacArthur）支持；也與美國親華的「中國幫」（China bloc）成員，共和黨參議員諾蘭（William F. Knowland）等人保持聯繫，全力爭取美援的恢復。

迨 1950 年 6 月 25 日韓戰爆發，3 天後，杜魯門發表「韓戰聲明」（Korean War Statement），宣布「臺海中立化」，使國共雙方皆不得進攻。蔣中正認爲韓戰爆發是一個契機，雖然因美國宣布臺海中立化，而無法趁機反攻，但無疑也是與美國重新交好的契機。

於是韓戰期間，蔣中正與美國政府曾有三次討論國軍赴韓參戰，但都無疾而終。第一次在 1950 年 6 月 26 日，由於北韓進逼，南韓節節敗退，不得不向美國求救。蔣中正聽聞韓戰爆發，立即研議派遣國軍馳援南韓。不過美國政府認爲國軍參與韓戰，會讓中共有藉口直接參戰；且美國政府抱持著與中共和談的可能，因此拒絕國軍援韓。

第二次在 1950 年 10 月 25 日，中共發動「抗美援朝」，正式參戰。蔣中正認爲中共參戰，聯軍應會運用國軍援韓。隨著聯軍 11 月 25 日發動「終結戰爭」失敗後，聯軍節節敗退。蔣中正立即派人與盟軍總司令麥克阿瑟會談，盼望爭取參戰。然而，美國政府仍堅持，無論韓國戰場的局勢再嚴重，也不能動用國軍。讓蔣中正軍隊赴韓作戰，非但無助於問題的解決，反而會使局面變得更加複雜化。其後麥帥爲圖擴大戰爭，遭到解職，第二次派軍援韓的討論也隨之結束。

1951 年 7 月，韓戰進入停戰談判階段，但由於各方僵持不下，使美國有意尋求突破，施加壓力。此時在臺灣，與美國軍援相互配合的蔣中正軍隊，成爲了一支現成的勁旅。然而，美國雖然有意運用國軍，給予中共壓力，但卻不願直接用於朝鮮半島上，於是傾向讓國軍攻佔海南島。但蔣中正對此沒有興趣，而是希望反攻大陸，雙方並無共識，第三次派軍援韓參戰議題乃又無疾而終。

二、研究目的與問題

　　蔣中正自 1949 年國共內戰失敗，撤退來臺之後，政局一直處於不穩定的情形。自 1950 年 1 月 5 日，美國宣布對臺「放手」（hands-off）政策後，更是岌岌可危。然而韓戰的爆發，眾所周知，讓中華民國政府能夠暫時解除困境；加上美援的幫助，遂令中華民國政府逐漸能在臺灣站穩腳步。因此本文首要釐清之問題，乃為蔣中正在韓戰期間，保持著何種想法；以及各個階段中，其對韓戰的觀察與期待。

　　其次，蔣中正曾三度與美國政府討論派兵赴韓參戰，目的和立場為何？是欲爭取美國認同，又或者是為了反攻大陸計畫，預作安排。而這三次提議之間，是否有著不同的考量，係純為政治上爭取美國支持？抑或是軍事的因素，甚至只為需索美援武器？也是本文主要探討的另一問題。

　　然而，因為韓戰爆發，朝鮮半島已成國際重要舞臺。派軍援韓，自然牽動臺美、乃至各國關係，也屬政府遷臺後，外交上的一個試金石。美國政府三次拒絕國軍參戰，三次拒絕的理由是否不同？是由於對國軍的戰力不信任，又或是因政治問題而拒絕？美國內部也不是鐵板一塊，政府與軍方的態度，是否又有所不同？這也都是本文所要釐清的問題之一。

　　綜合以上問題，本文期望從蔣中正的角度切入，描寫韓戰期間，蔣中正三度欲參與韓戰的原因與相關過程；並輔以美國官方檔案，釐清美國方面拒絕蔣中正參戰的原因。內容則以蔣中正的日記與檔案為核心，並以當時相關人士的回憶錄與檔案文件做交叉分析，期望能將事件全貌解析出來，對於韓戰時期蔣中正與美國關係的研究有所貢獻。

第二節　研究回顧

　　有關韓戰期間中華民國派軍援韓的相關研究，主要探討的，多為中華民國與美國在韓戰時期之關係與決策過程，其中可分為美國對臺政策與中華民國對美政策兩方面討論。

　　韓戰時期美國對臺政策之研究，最早使用美國檔案來探討的學者為梁敬錞，其有三篇關於韓戰時期中美關係之論著，收錄於《中美關係論文集》。此時期由於正逢美國與中共建交之後，其論述對於美國政策的批判性高，對於

美國試圖取代蔣中正政權的思維嚴屬批判；〔註3〕稍晚期，林正義的論著〈韓戰對中美關係的影響〉，則認為韓戰改變了美國對臺灣的態度，韓戰爆發後美國宣布臺海中立化，並於 1950 年 7 月決定對臺軍援，麥克阿瑟也來臺訪問，1951 年 1 月份中、美達成「共同防衛援助協定」，5 月美軍顧問團到來，並開始考慮國軍部隊在中國大陸沿海地區的使用；〔註4〕陳志奇的《美國對華政策三十年》指出美國在中共介入韓戰後，便認為將中共視為亞洲的狄托主義無望，加上韓戰戰略需要，故保臺政策確立，並成為美國對華政策的主流。〔註5〕

　　近期的研究，如陳毓鈞所著《戰爭與和平：解析美國對華政策》，本書以中美相互關係為背景，從戰爭與和平的新角度分析了不同歷史時期的美國對華政策，指出韓戰改變美國對華政策的方向，臺海中立化與後續決策是為孤立中共，而非保護中華民國；美國保持與中華民國在戰略、政治和經濟上的合作是基於「保護美國現實利益」。〔註6〕戴萬欽的《中國由一統到分割：美國杜魯門政府之對策》，論及杜魯門政府對中共與中華民國的應對策略，其中在第五章分析麥帥在韓戰爆發前後對臺灣的態度，認為麥帥在韓戰爆發前即相當重視臺灣，並大力鼓吹臺灣的戰略地位重要性，但也根據研究認為，韓戰爆發後，麥帥並非立即支持使用國軍參戰。〔註7〕

　　這些研究中，對於美國政策考量的立場論述或有不同，但大致上都同意韓戰爆發，改變了美國對臺政策，使本欲袖手旁觀的美國再度插手。然而，張淑雅在其著作《韓戰救臺灣？解讀美國對臺政策》有不同的看法，張淑雅使用大量的美國國家檔案，解讀韓戰時期美國對臺的決策過程，認為美國在韓戰爆發前，並不是完全袖手旁觀，已有「中立臺灣」的思維，韓戰期間，並非一面倒的支持中華民國，所謂「韓戰救臺灣」，只是美國保持彈性政策，尋求美國最大利益下所產生的結果。〔註8〕

〔註3〕此三篇為〈韓戰期間之中美關係〉、〈韓戰期中我國國際地位之震撼〉、〈韓戰爆發之謎與中共參加韓戰之秘密〉，收錄於梁敬錞，《中美關係論文集》（臺北市：聯經出版社，1982 年初版）。

〔註4〕林正義〈韓戰對中美關係的影響〉，《美國研究》第 19 卷第 4 期（臺北：中央研究院美國文化研究所，1989 年），頁 81～122。

〔註5〕陳志奇，《美國對華政策三十年》（臺北市：中華日報社，1981 年初版）。

〔註6〕陳毓鈞，《戰爭與和平：解析美國對華政策》（臺北市：環宇出版社，1997 年初版）。

〔註7〕戴萬欽，《中國由一統到分割：美國杜魯門政府之對策》（臺北：時英出版社，2000 年）。

〔註8〕張淑雅，《韓戰救臺灣？解讀美國對臺政策》（臺北市：衛城出版社，2011 年

　　在張淑雅研究中，對於 1950 年代美國對臺政策有相當多的研究成果，如〈中美共同防禦條約的簽訂：一九五〇年代中美結盟過程之探討〉，指出在解除臺海中立化後，美國雖加強與臺灣軍事的連結，卻也同時增加了對臺灣軍事的限制，韓戰結束至臺海危機發生，大抵維持這樣的局面；〔註9〕〈藍欽大使與一九五〇年代的美國對臺政策〉中則利用美國官方紀錄、藍欽私人檔案，與外交部檔案，以美國駐中華民國大使館臨時代辦暨公使藍欽的角度闡述 1950 年代美國對臺政策，〔註10〕皆爲相當具有參考價值的研究成果。〔註11〕

　　韓戰期間，美國也恢復了對中華民國的經濟與軍事援助。經濟援助的研究成果，趙既昌《美援的運用》，將中華民國與美國恢復援助合作後，美援的運用概況做了完整介紹；〔註12〕文馨瑩，〈美援與臺灣的依賴發展〉，則認爲臺灣對於這階段的美援十分依賴，軍事上依靠美援建立起國軍部隊，政治上鞏固了中華民國政府在臺統治，但也強化了美國對臺灣的控制。〔註13〕軍事援助部分，張淑雅的研究〈韓戰期間美國對臺軍援政策初探〉，分析韓戰期間，美國對臺軍援政策，認爲美國政府由於對中華民國政府的偏見，並極力避免爲了臺灣與中共衝突，而在軍援執行過程中，給予許多限制，導致軍援成果不如預期；〔註14〕周琇環的研究〈美國的經援與軍援（1945～1965）〉，則以外交部檔案、蔣中正、蔣經國檔案等，從美國援華政策的形成與演變、美國對臺的軍、經援助、以及美援停止後對臺的影響，做全面性的論述。〔註15〕

　　初版）。

〔註9〕　張淑雅，〈中美共同防禦條約的簽訂：一九五〇代中美結盟過程之探討〉，《歐美研究》第 24 卷第 2 期，1994 年，頁 51～99。

〔註10〕　張淑雅，〈藍欽大使與一九五〇年代的美國對臺政策〉，《歐美研究》第 28 卷第 1 期，1998 年，頁 193～262。

〔註11〕　其他研究成果如：張淑雅，〈美國對臺政策轉變的考察，1950 年 12 月～1951年 5 月〉，《中央研究院近代史研究所集刊》第 19 期（臺北：中央研究院近代史研究所，1990 年 6 月）；張淑雅，〈近二十年來的韓戰研究概況〉，《近代中國》，第 137 期，2000 年，頁 105～116；張淑雅，〈不解之解：美國對臺「戰略模糊」政策的緣起與發展〉，收錄於呂芳上編，《近代國家的型塑：中華民國建國一百年國際學術討論會論文集》（臺北：國史館，2013 年）頁 715～756。

〔註12〕　趙既昌《美援的運用》（臺北市：聯經出版社，1985 年初版）。

〔註13〕　文馨瑩，〈美援與臺灣的依賴發展〉，國立臺灣大學政治學研究所碩士論文，1989 年。

〔註14〕　張淑雅，〈韓戰期間美國對臺軍援政策初探〉，《中華民國建國八十年學術討論集》（第二冊），《國際關係史》（臺北市：近代中國出版社，1991 年初版），頁 468～510。

〔註15〕　周琇環，〈美國的經援與軍援〉，收錄於呂芳上主編，《戰後初期的臺灣（1945

　　韓戰期間美國與中華民國互動過程，英國作爲美國的盟友，英國態度扮演了關鍵的角色。汪浩的《冷戰中的兩面派——英國的臺灣政策 1949～1958》對於韓戰期間英國對臺政策有完整論述，指出冷戰過程中，英國對臺政策分爲三派，第一派願意把臺灣交給中共；第二派主張臺灣中立化；第三派支持蔣中正政府，反對中共攻臺。〔註16〕

　　韓戰期間中華民國對美政策之研究，陳志奇的《美國對華政策三十年》探討二戰結束後，美國與中華民國互動關係，此書雖是談論二戰後美國對中華民國政策的演變，但其中多以中華民國政府的視角來詮釋兩國關係，是中華民國對美政策較早期的研究成果。

　　中華民國的政策皆以蔣中正爲決策中心，國內對於蔣中正的研究成果頗豐，中正紀念堂出版一系列蔣中正研究叢書與論文選輯，收錄國內近年來關於蔣中正於政治、黨政、外交、軍事等各類發表的相關研究論文。

　　其中對於韓戰時期蔣中正的決策過程相關研究成果，有劉維開的〈蔣中正對韓戰的認知與因應〉，運用蔣中正的日記、檔案等文獻，以蔣的角度，描寫出蔣中正對於韓戰的認知與因應過程，並提及三次與美討論派軍援韓議題；〔註17〕陳立文的〈蔣介石心目中的「三角形戰鬥群」——聯美、保臺與反攻〉，則試圖解構蔣中正遷臺後所設定的三大目標：聯美、保臺與反攻。探討從遷臺初期以保臺爲重，到韓戰結束後，已經達到三方並重，成爲完美的三角形戰鬥群；〔註18〕林孝庭的〈私人化的國家政策：蔣中正、查理柯克與 1949～1951 年間的臺美軍事與安全關係〉，探討遷臺初期至韓戰爆發後，蔣中正的決策過程中，前第七艦隊司令柯克所提供的建議扮演重大的角色，也影響了蔣中正在韓戰爆發前後，對於各項軍事策略的決定；〔註19〕林孝庭也於

　　　　～1960s）》（臺北市：國史館，2015 年 10 月，初版），頁 285～322。
〔註16〕汪浩，《冷戰中的兩面派——英國的臺灣政策 1949～1958》（臺北市：有鹿文化，2014 年初版）。
〔註17〕劉維開，〈蔣中正對韓戰的認知與因應〉，收錄於陳立文主編，《蔣中正與民國外交 II》（臺北市：中正紀念堂，2014 年初版），頁 39～73。
〔註18〕陳立文，〈蔣介石心目中的「三角形戰鬥群」——聯美、保臺與反攻〉，收錄於劉維開主編，《蔣中正與民國軍事》（臺北市：中正紀念堂，2013 年初版），頁 401～435。
〔註19〕林孝庭，〈私人化的國家政策：蔣中正、查理柯克與 1949～1951 年間的臺美軍事與安全關係〉，收錄於黃克武主編，《遷臺初期的蔣中正》（臺北：國立中正紀念堂管理處，2011 年 11 月），頁 417～469。

2015 年將其研究成果，彙整成《臺海、冷戰、蔣介石：解密檔案中消失的臺灣史 1949～1988》，書中以中、美兩國檔案交叉分析冷戰時期蔣中正的決策過程。其中第二章談及蔣中正與南韓的關係與對韓政策；以及第四章談及白團與臺美軍事關係。〔註20〕

　　大陸學者對於韓戰時期的蔣中正決策過程研究成果，有林泓的〈解析蔣介石熱衷「出兵」朝鮮之動因〉，認為蔣中正熱衷出兵的理由，表層原因為：（一）響應聯合國號召；（二）對南韓的道義責任；（三）接受聯合國司令的助戰邀請。深層原因則為反攻大陸、爭取美援、提高國際地位，此篇期刊僅為簡單提及諸項原因，並未以史料加以論證。〔註21〕何立波的〈蔣介石為何三次無緣朝鮮戰爭〉，則簡要敘述蔣中正三次派兵援韓案的過程，未有史料佐證。〔註22〕王楚英的〈蔣介石三次圖謀派兵參與朝鮮戰爭〉，作者在韓戰期間曾任高雄警備區及 52 軍參謀長，作者以當事人的角度敘述三次派軍援韓，蔣中正下令 52 軍赴韓作戰的準備過程，但蔣日記中，指示派軍援韓的軍隊為劉廉一之第 67 軍為主幹，再附以 80 軍之 201 師，與此篇內容似有出入。〔註23〕

　　另外，相關人物的日記、自傳、回憶錄等，如《顧維鈞回憶錄》、〔註24〕《孫立人傳》、〔註25〕周宏濤回憶錄《蔣公與我──見證中華民國關鍵變局》、〔註26〕《陳誠先生日記》等，〔註27〕藉此補足檔案與蔣日記的不足。

　　大致而言，關於韓戰時期中華民國與美國的關係，仍是以美國對中華民國政策的研究較多，中華民國面對美國回應與應對過程的研究則較缺乏。因

〔註20〕林孝庭，《臺海、冷戰、蔣介石：解密檔案中消失的臺灣史 1949～1988》（臺北：聯經出版社，2015 年初版）。
〔註21〕林泓，〈解析蔣介石熱衷"出兵"朝鮮之動因〉，《漳州師範學院學報：哲學社會科學版》，第 54 期，2005 年第 1 期（福建：漳州師範學院，2005 年），頁 89～92。
〔註22〕何立波，〈蔣介石為何三次無緣朝鮮戰爭〉，《蘭臺內外》，2011 年第 4 期（吉林：吉林省檔案局，2011 年），頁 52～53。
〔註23〕王楚英，〈蔣介石三次圖謀派兵參與朝鮮戰爭〉，《百年潮》2010 年第 8 期（北京：中國中共黨史學會，2010 年），頁 60～66。
〔註24〕顧維鈞著、中國社會科學院近代史研究所譯，《顧維鈞回憶錄》（北京：中華書局，1988 年初版）。
〔註25〕沈克勤編著，《孫立人傳（下）》（臺北市：臺灣學生書局，1998 年初版）。
〔註26〕周宏濤口述、汪士淳著，《蔣公與我──見證中華民國關鍵變局》（臺北市：天下遠見出版社，2003 年初版）。
〔註27〕葉惠芬等校編，《陳誠先生日記（二）》（臺北：國史館，2015 年初版）。

此本文將以韓戰時期中華民國的決策核心——蔣中正的角度，探討這一時期中華民國政府對美的應對過程。隨著國史館所編《蔣中正先生年譜長編》等書的出版，得以窺見更完整的蔣中正日記內容；而國史館所藏的《蔣中正總統文物》也逐步整理與解密完成，運用這兩項史料，相信能使研究更趨周延。

　　除了上述所提及的史料外，本文亦將使用美國國務院檔案（*Foreign Relations of the United States*）等史料，以及外文專書。期望不僅從蔣中正的角度，並能輔以美方決策過程之記錄，更客觀地呈現韓戰時期所發生的三次派軍援韓過程與雙方態度，使本文之論述角度更加廣泛與完善。

第三節　研究方法與論文綱要

　　本文主要採用歷史文獻分析法，以蔣中正爲主，分析蔣中正的日記與相關檔案，釐清蔣中正對美態度，與三次討論派軍援韓的想法；並以比較分析的方法，以中、美雙方的檔案交叉比對，以期客觀呈現出完整的事件論述。

　　章節安排第一章爲緒論，說明本文之研究主旨、目的、問題，並回顧前人研究成果；以及第五章爲結論，論述蔣中正與美國三次派軍援韓的討論中，所面臨的問題與蔣中正考量的因素。

　　從第二章開始論述 1950 年 1 月至 6 月韓戰爆發前，蔣中正與中華民國面臨的挑戰。第一節討論海南島撤退之決策過程；第二節討論棄守舟山之決策過程；第三節論述韓戰爆發前與美國之互動過程。

　　第三章論述 1950 年 6 月韓戰爆發至 1951 年 4 月麥帥解職風波，其中發生第一次與第二次派軍援韓的商議過程。第一節爲第一次派軍援韓的討論經過；第二節從 1950 年 9 月聯軍仁川登陸至 10 月中共參戰，討論韓戰局勢的變化，影響動用國軍派軍援韓的可能；第三節從 1950 年 12 月聯軍失利至 1951 年 4 月麥帥解職，爲第二次派軍援韓討論過程之始末。

　　第四章探討 1952 年後，美國對中華民國態度轉變，與第三次派軍援韓的討論經過，以至 1953 年 6 月至 7 月停戰前，韓美衝突中，蔣中正的斡旋過程。第一節討論停戰談判陷入僵局，美國改變對中華民國的態度；第二節討論第三次派軍援韓的經過，美國欲請中華民國攻佔海南島，而蔣中正一心欲反攻大陸，雙方未成共識；第三節爲韓戰停戰前，韓美意見產生衝突，蔣中正介入斡旋，力求反共同盟不因此破裂的過程。

第二章　韓戰爆發前之情勢
（1950 年 1 月～1950 年 6 月）

　　1949 年國共內戰逐漸告一段落，中華民國政府撤退來臺，軍事上面臨了中共越過臺灣海峽進攻臺灣本島的危機，國際上又面臨美國準備放棄臺灣的可能。1950 年 3 月 1 日，蔣中正復行視事復位中華民國總統。面對中共侵臺的危機，蔣中正思考著將兵力集中保衛臺灣本島上，於是決定陸續從海南、舟山島撤退。外交上透過前第七艦隊司令官柯克與盟軍總司令麥克阿瑟等親華的美方人士聯繫，試圖改變美國總統杜魯門所發表的放手政策，挽回美國援助。本章就蔣中正的角度看海南島與舟山島撤退之決策過程以及韓戰爆發前蔣中正與美國的互動等三方面作為本章所探討的內容。

第一節　海南島撤退

　　海南島，亦稱瓊州，是中華民國僅次於臺灣的第二大島，陸地面積達 33,210 平方公里，海域面積約 200 萬平方公里。1949 年國共內戰，國軍節節敗退，10 月 13 日廣州失陷，國軍部分撤退至海南島上。先是 2 月 23 日，陳濟棠受命為海南特區行政長官兼建省籌備委員會主任委員，[註1] 至是遂與廣東省政府主席薛岳共同管理海南島，並令薛岳統籌來自各地的軍隊。[註2] 然

[註1]　「蔣中正任陳濟棠海南特區行政長官」（1949 年 2 月 23 日），〈事略稿本——民國三十八年二月〉，《蔣中正總統文物》，國史館藏，典藏號：002-060100-00249-023。

[註2]　「蔣中正自臺北致薛岳電」〈革命文獻——蔣總統引退與後方布置（二）〉（1949 年 12 月 16 日），《蔣中正總統文物》，國史館藏，典藏號：002-020400-00029-140。

而，隨著 11 月 30 日重慶與 12 月 6 日成都相繼淪陷，中華民國在整個大陸地區僅剩西昌一帶，海南島作爲後方接應的功能已失。究竟是守或撤，令蔣中正十分苦惱。

一、欲撤海南之因

撤退來臺後，中華民國政府處於十分危急的狀況，時任中華民國行政院長陳誠對於當時的情況如此形容：

> 論國土，僅剩下一些分散的島嶼；論人民，連老弱婦孺在內不過八百萬人；論武裝，幾十萬殘破的部隊，固有戰志而無戰備，全部軍火的總和也不夠打一兩天的仗；論財力、物力，就更不堪設想了。

〔註3〕

蔣中正也感到相當憂慮，首重加強防衛最後的基地臺灣，自記：「此時只可盡心保衛臺灣爲自立自強之基點，首在社會經濟與軍費之解決；其次爲社會民眾組訓與防空之準備；其三爲海空軍用油之購備。」〔註4〕甚至表示：「萬一臺灣不幸淪陷，則余必身殉黨國，決不自負平生也」，〔註5〕已做好臺灣可能淪陷的心理準備。對於防止中共進攻的構想，蔣中正認爲臺灣本島與舟山、海南、金門等地區的海防與空防非常重要，並指出現階段國軍的海、空軍實力雖高於中共，但中共可能透過蘇聯的援助，提高其海、空軍實力，認爲：「現在我們陸海空軍各方面最大的缺點，就是精神鬆懈，缺乏警覺，尤其是因爲共匪一向沒有空軍，所以對於防空，根本沒有想到」；在這種情形之下，「如果遭遇共匪的空襲，不但在物質上要受到很大的損失，而且在精神上也要受到最嚴重的打擊。」〔註6〕

除了提升各戰區的海、空防禦之外，蔣中正也開始思考撤離海南島一事，1 月 26 日召見參謀總長顧祝同，商議海南撤退方針。〔註7〕顧祝同隔日也呈上

〔註3〕 薛月順編，《陳誠先生回憶錄──建設臺灣》上，頁 110。

〔註4〕 秦孝儀總編纂，《蔣公大事長編初稿》，卷九（臺北：中正文教基金會，2002年初版），頁 15；呂芳上主編，《蔣中正先生年譜長編》，第九冊，頁 433，1950年 1 月 15 日條。

〔註5〕 秦孝儀總編纂，《蔣公大事長編初稿》，卷九，頁 29，1950 年 1 月 27 日條。

〔註6〕 秦孝儀主編，〈最近國際局勢之演變與我們反共抗俄之前途〉，《總統蔣公思想言論總集》卷二十三演講，臺北：中國國民黨中央委員會黨史委員會，1984年，頁 115～118。

〔註7〕 秦孝儀總編纂，《蔣公大事長編初稿》，卷九，頁 29，1950 年 1 月 26 日。

《地字第一號計畫》向蔣中正報告關於海南現況，與規劃四種撤退海南的方案。方針爲徹底集中兵力，確保臺灣基地，應于適當時機，將海南島全部（或大部或一部）國軍及重要軍品安全撤出，以加強臺灣及定海金門之防衛。而撤退分四案，甲案：全部國軍及軍品即刻撤離案；乙案：主力撤離一部留瓊游擊案；丙案：一部先撤主力縮短防線退守瓊南待運案；丁案：暫緩撤退俟擊破來犯匪軍後再議案。評估應以甲案優先，丁案雖最有利但勝算不高，乙丙案則爲甲案之後續。〔註 8〕

　　蔣中正爲何考慮要從海南島撤離？有幾項原因：其一是地理位置，海南島距離臺灣本島約 1,300 公里，距離雷州半島僅 30 公里，若發生大規模作戰，兩方在支援上將會產生極大的差距，蔣經國也對此曾坦承：「華北、西北、西南個重要地區，相繼失陷，海南與舟山兩地，已成孤立無援地帶，今後對此兩地的運輸與補給困難尚在其次，而以寡敵眾之形勢，恐終將爲共匪所蠶食也。」〔註 9〕

　　其二是財政困難，由於海南島本身並無法自給自足，需由臺灣特別支出軍費支援，陳濟棠就曾電蔣中正稱：「海南情形特殊，經費無法自足必需中央予以特別輔助。戡亂時期各費出支浩繁職署經費不敷甚鉅，盼能予照發每月特別輔助費銀元肆拾萬元藉維困厄，而速行政效率云。」〔註 10〕其後再電蔣，盼能縮減海南島部分中央機構，以節省開支，提出廣東審計處、交通部沿海區航政局、交通部海口電話所、各縣地方法院等四個機構可以縮編。並強調此「係就海南實際情形爲依據，並爲中央減輕負擔而認爲可行者。」〔註 11〕而蔣中正也明知「無論財力、兵力，非舍瓊則不能保臺，二者不能兼全。」〔註12〕以致時感左右爲難，「決定海南不撤守，惟軍費難籌也。」〔註 13〕

　　其三是地方環境，海南島本身即是中共長期經營的一個地區，對日戰爭時，已有游擊隊在此抵抗日本的入侵。1944 年對日戰爭進入尾聲，中共將其

〔註 8〕　〈顧祝同呈蔣中正軍事計畫〉（1950 年 5 月 2 日），〈金馬及邊區作戰（三）〉，《蔣中正總統文物》，國史館藏，典藏號：002-080102-00102-004。
〔註 9〕　蔣經國著，《風雨中的寧靜》（臺北市：黎明出版社，1975 年第五版）頁 250。
〔註 10〕　「陳濟棠自海南致蔣中正電」（1950 年 1 月 10 日），〈人事——經費（二）〉，《蔣中正總統文物》，國史館藏，典藏號：002-080109-00016-014。
〔註 11〕　「陳濟棠自海南致蔣中正電」（1950 年 3 月 14 日），〈粵桂政潮（六）〉，《蔣中正總統文物》，國史館藏，典藏號：002-080101-00037-007。
〔註 12〕　秦孝儀總編纂，《蔣公大事長編初稿》，卷九，頁 54，1950 年 2 月 27 日條。
〔註 13〕　秦孝儀總編纂，《蔣公大事長編初稿》，卷九，頁 80，1950 年 3 月 20 日條。

改編爲「廣東省瓊崖抗日游擊隊獨立縱隊」，〔註14〕在國共內戰時規編於解放軍中，1949 年後配合解放軍在海南島上對國軍持續騷擾。蔣中正就曾囑咐陳濟棠：「據報：匪馮白駒部現密飭梁若谷打入海南工作，梁近托詞回粵策動游擊實則偵查我游擊隊駐地實力轉報匪方大舉掃蕩。」；〔註15〕也曾囑咐薛岳：「馮匪白駒部偷渡雷州半島引導匪野戰軍，黑夜來臨，往臨高、文昌等處登陸，化整爲零潛入內地，偷渡人數不等，我方全無所知等情形希注意中。」〔註16〕海南又因與雷州半島距離過近，容易被敵方滲入，迨兩廣失守，已成風聲鶴唳之勢。1950 年蔣屢警告中共地下黨之活動：「據報：女匪幹徐舜英、劉玉燕，利用方人矩之妻徐光英關係率員潛伏海南島從事秘密活動。潛伏對象爲防衛總部及隸屬之軍事機構以便刺探軍情。」〔註17〕且變節者也成顧慮，蔣中正曾電薛岳，令查明核辦林廷華、張光臻（瓊）等赴穗，〔註18〕與中共廣東省人民政府主席葉劍英晤商攻瓊計畫，並被委爲省主席等職派部返瓊活動進行收買各機關部隊人員以爲內應之傳聞。〔註19〕甚至「據報瓊北要塞副司令伍毓權近已秘密投共」；〔註20〕「據報廣東省銀行總經理杜梅和近曾接洽投匪，刻匪方要求杜促使該行菲律賓分行首先發表投匪宣言，同時並將存菲一切金銀物資交由匪方接收」等。〔註21〕由此可知，海南島本身對蔣而言，亦是較難掌握的地區。

其四是派系鬥爭，海南島一向被視爲粵系的地盤，陳濟棠與薛岳皆屬粵系；陳濟棠還曾繞過蔣中正直接向親華的美國參議員諾蘭尋求更多的軍經援

〔註14〕 瓊崖武裝鬥爭史辦公室，《瓊崖縱隊史》，廣州：廣東人民出版社，1998 年。

〔註15〕 「蔣中正自臺北致陳濟棠電」（1950 年 1 月 13 日），〈製造各地暴動（五）〉，《蔣中正總統文物》，國史館藏，典藏號：002-090300-00016-404。

〔註16〕 「蔣中正自臺北致薛岳電」（1950 年 1 月 18 日），〈種種不法罪行（二）〉，《蔣中正總統文物》，國史館藏，典藏號：002-090300-00018-215。

〔註17〕 「蔣中正自臺北致薛岳電」（1950 年 3 月 4 日），〈種種不法罪行（一）〉，《蔣中正總統文物》，國史館藏，典藏號：002-090300-00017-267。

〔註18〕 林廷華、張光瓊爲海南文昌出身的原國民黨軍官。林廷華最高曾任國防部中將部員；張光瓊最高曾任重建後的第六十二軍軍長，兩人於 1949 年撤退到香港，並於次年發動抗爭投奔中共。由於兩人爲海南當地人，故蔣中正請薛岳特別注意兩人動向。參見：劉國銘，《中國國民黨百年人物全書》（北京：團結出版社，2005 年初版），頁 1192、1498。

〔註19〕 「蔣中正自臺北致薛岳電」（1950 年 3 月 21 日），〈種種不法罪行（二）〉，《蔣中正總統文物》，國史館藏，典藏號：002-090300-00018-216。

〔註20〕 呂芳上主編，《蔣中正先生年譜長編》，第九冊，頁 476，1950 年 4 月 15 日條。

〔註21〕 呂芳上主編，《蔣中正先生年譜長編》，第九冊，頁 476，1950 年 4 月 15 日條。

助。〔註22〕另一方面，在美國的李宗仁等桂系人士也透過甘介侯向美國國務院陳述海南島的利害關係，請求美國支援。〔註23〕粵系與桂系此舉，引起蔣中正相當大的不滿，在思考是否放棄海南島時，就曾表示：「瓊州放棄主張，粵人必加反對，桂系更將從事挑撥」〔註24〕

蔣中正與粵系的矛盾，也見於薛岳回臺後謁蔣，談到海南失敗原因，薛岳認為：「一、三十二軍副軍長王瀚、參謀長俞方瀾、二五六師長耿若天擅自下令二五六師撤走。二、暫十三師陳濟南（伯南之弟）作戰不力。」〔註25〕

最後，據李宗仁所敘，蔣中正捨棄海南島的原因，是為了將美國通過的「1948 援華案」的 7,500 萬美元全數納入臺灣。〔註26〕因為杜魯門表示援助地區包含中國各戰區，而不僅只是給予臺灣，蔣中正因此欲放棄海南島，將美援集中於臺灣本島中。〔註27〕這項說法，實則總統府秘書長王世杰與駐美大使顧維鈞討論援華案時，王世杰就曾提及援華案是否能包括海南島「此案是否專援助臺灣，或可包括海南，均請查示。」〔註28〕顧維鈞回電：「國務院及美經總署兩執行機關對我迭次商洽援助海南之請求未表同意。」〔註29〕由此可知，中華民國政府當時是希望將海南島納入援華案範圍之中，李宗仁的說法，應僅為自身的猜測。

〔註22〕 *Letter from General Chen Jitang to William Knowland*, January 16,1950,enclosed in Knowland to Walter Judd, February 7,1950, Walter H. Judd papers, Hoover Institution Archives, Box 163.轉引自林孝庭，〈私人化的國家政策：蔣中正、查理柯克與 1949～1951 年間的臺美軍事與安全關係〉，收錄於黃克武主編，《遷臺初期的蔣中正》（臺北：國立中正紀念堂管理處，2011 年 11 月），頁444～445。

〔註23〕 *National Archives and Records Administration*, Record Group 59, 794A.00/1-450, Kan Chie-hou to State Department, January 4,1950.轉引自林孝庭，〈私人化的國家政策：蔣中正、查理柯克與 1949～1951 年間的臺美軍事與安全關係〉，收錄於黃克武主編，《遷臺初期的蔣中正》，頁445。

〔註24〕 秦孝儀總編纂，《蔣公大事長編初稿》，卷九，頁54，1950 年 2 月 27 日條。

〔註25〕 葉惠芬等校編，《陳誠先生日記（二）》（臺北：國史館，2015 年初版），頁760。

〔註26〕 美國援華法案最早是「1948 援華法案」，為期一年，1948 年末中斷援助。1949 年恢復援助，9 月通過 7,500 萬援華法案。1950 年 1 月美國杜魯門總統宣布中斷軍事援助部分，只維持經濟援助。3 月通過援華法案延長至 1951 年。

〔註27〕 唐德剛撰，《李宗仁回憶錄》，臺北：曉園出版社，1993 年 7 月第一版，頁668～670。

〔註28〕 「王世杰自臺北致顧維鈞電」（1950 年 2 月 3 日），〈對美關係（一）〉，《蔣中正總統文物》，國史館藏，典藏號：002-090103-00002-212。

〔註29〕 「顧維鈞自華盛頓致王世杰電」（1950 年 2 月 5 日），〈對美關係（一）〉，《蔣中正總統文物》，國史館藏，典藏號：002-090103-00002-202。

　　3月1日蔣中正「復行視事」，隔日立即致電陳濟棠、薛岳，表示：「海南軍事嚴重，擬即派員赴瓊，請明日不必飛臺，免誤軍機。」〔註30〕7日再接薛岳電報，乃召見參謀總長顧祝同等研討戰局，自記稱：「共軍已在儋縣、臨高附近登陸，激戰之報求援也。」〔註31〕

　　惟此同時，蔣並記曰：「以二日招待會講話，只以保衛臺灣而未提瓊州；惟沈昌煥英文譯語仍照原稿，臺、瓊並提。如果瓊州不保，則對外宣傳失信爲難也，可惡。」〔註32〕可知蔣中正對撤守海南島，時感左右爲難。後回電薛岳，既「告知已派空軍副總司令王叔銘於明日赴瓊，並令海空軍抽調有力部隊增防」；〔註33〕18日又言海南島守棄方針，應在下週內決定。〔註34〕20日與陳誠商討海南是否撤退，陳誠記稱：

> 余告以對海南放棄與否已經考慮過，以臺灣及定海兵力言，實有放棄海南加強臺、定兵力之必要，但對於軍費而言，則須增加，因海南之待遇，較之此間低三分之二，如調至此間，勢必增加兩倍，方得其平。〔註35〕

欲引其軍入臺，礙於軍費考量，蔣中正暫時決定不撤守海南；但如欲堅守瓊島，仍爲軍費所苦惱。〔註36〕28日，國軍撤出在大陸最後的據點西昌，〔註37〕原本猶豫是否撤守海南島的蔣中正，又加深了撤離的想法。

二、中共小規模偷渡計畫

　　中共方面對於進攻海南島的計畫是由解放軍第四野戰軍的第40與第43軍，〔註38〕與島內負責游擊戰的馮白駒「瓊崖縱隊」共同進攻海南島。1950

〔註30〕秦孝儀總編纂，《蔣公大事長編初稿》，卷九，頁59，1950年3月2日條。
〔註31〕秦孝儀總編纂，《蔣公大事長編初稿》，卷九，頁63；呂芳上主編，《蔣中正先生年譜長編》，第九冊，頁461，1950年3月7日條。
〔註32〕呂芳上主編，《蔣中正先生年譜長編》，第九冊，頁461，1950年3月7日條。
〔註33〕秦孝儀總編纂，《蔣公大事長編初稿》，卷九，頁63；呂芳上主編，《蔣中正先生年譜長編》，第九冊，頁461，1950年3月7日條。
〔註34〕呂芳上主編，《蔣中正先生年譜長編》，第九冊，頁465，1950年3月18日條。
〔註35〕葉惠芬等校編，《陳誠先生日記（二）》，（臺北：國史館，2015年7月，第一版），頁752。
〔註36〕秦孝儀總編纂，《蔣公大事長編初稿》，卷九，頁80，1950年3月20日條。
〔註37〕秦孝儀總編纂，《蔣公大事長編初稿》，卷九，頁82，1950年3月28日條。
〔註38〕第四野戰軍原爲東北人民解放軍的東北野戰軍，國共內戰時期解放軍之主力，1949年3月改制爲中國人民解放軍第四野戰軍，林彪任司令。三大戰役

年 2 月初召開軍事會議，決議採取「積極偷渡、分批小渡、最後登陸相結合」的作戰方針。〔註39〕毛澤東也發出指示：「同意四十三軍以一個團先行渡海，其他部隊陸續分批尋機渡海。此種方法如有效，即可能提早解放海南島。」〔註40〕

　　3 月開始實施小規模的偷渡行動，一面令馮白駒在海南島上做騷擾行動，讓薛岳部隊忙於「進剿島內山區奸匪」，〔註41〕使海岸線疏於防備。第一批偷渡工作由 40 軍第 118 師第 352 團與 43 軍第 128 師第 383 團各一加強營擔任。兩團在海軍掩護之下分別在 3 月 5 日以及 11 日，在海南島西側的白馬井地區、東北側的文昌一帶登陸，與瓊崖縱隊會合，第一批先遣部隊登陸成功。〔註42〕

　　薛岳接獲中共船艦部隊來襲，一邊與登陸共軍展開激戰，一邊急電蔣中正，要求海、空軍的增援。〔註43〕蔣中正也隨即派遣王叔銘赴瓊，並令海空軍增防。不過薛岳認為「基於連日匪軍動態有大舉進犯本島企圖」，〔註44〕似乎並未意識到此次中共主要目的是偷渡作戰，3 月 7 日至 13 日，薛岳電報給蔣中正的內容，都僅只是報告戰鬥過程與雙方死傷人數，並未提及對方可能有偷渡計畫。〔註45〕

　　蔣中正認為此次防禦相當成功，表揚薛岳：「最近共匪疊犯瓊島，該總司令指揮若定三軍用命上下一致協力禦寇，屢戰克敵，卒殲窮寇，送閱戰報，

結束後，第四野戰軍奉命負責進攻南海地區。參見中國人民解放軍第四野戰軍戰史編委會編，《中國人民解放軍第四野戰軍戰史》，（北京：中國人民解放軍出版社，1998 年初版），頁 13～20。

〔註39〕中國人民解放軍第四野戰軍戰史編委會編，《中國人民解放軍第四野戰軍戰史》，頁 595。

〔註40〕中共中央文獻研究室編輯，《建國以來毛澤東文稿》第一冊，（北京：中央文獻出版社，1987 年初版），頁 259。

〔註41〕「薛岳自海南致蔣中正電」，（1950 年 3 月 2 日）〈武裝叛國（一七八）〉，《蔣中正總統文物》，國史館藏，典藏號：002-090300-00201-154。

〔註42〕中國人民解放軍第四野戰軍戰史編委會編，《中國人民解放軍第四野戰軍戰史》，頁 603～606。

〔註43〕「薛岳自海南致蔣中正電」（1950 年 3 月 7 日），〈武裝叛國（一七八）〉，《蔣中正總統文物》，國史館藏，典藏號：002-090300-00201-159。

〔註44〕「薛岳自海南致蔣中正電」（1950 年 3 月 7 日），〈武裝叛國（一七八）〉，《蔣中正總統文物》，國史館藏，典藏號：002-090300-00201-160。

〔註45〕「薛岳自海南致蔣中正電」（1950 年 3 月 7 日至 3 月 13 日），〈武裝叛國（一七八）〉，《蔣中正總統文物》，國史館藏，典藏號：002-090300-00201-160 至 002-090300-00201-168 系列檔案。

無任嘉慰，特頒銀圓貳萬圓用資犒賞。」〔註46〕

　　然而，蔣中正對於中共偷渡計畫是有所意識的，早在 2 月 9 日就曾電薛岳稱：「粵南匪軍近派出大批人員在雷州海南等地搜購我軍之舊服裝與胸章符號企圖冒充我軍偷渡與僞充我散兵請求收編」；〔註47〕25 日電薛岳指示積極進剿迅速肅清入侵海南之匪外，更稱：「匪對海南試探攻擊失敗必積極驅以小部隊實行逐次滲入以增內匪之力量，望積極進剿以期迅速肅清。」〔註48〕對於中共連日來密集的行動，自記：

> 一、粵南共匪不斷向海南進襲，而總未得逞。二、共匪對瓊州用疲勞戰術，半月來不分晝夜，絡續渡海偷襲，而其在京、滬、青、徐一帶，積極裝配飛機，集中船隻，我空軍已感受重大威脅。四、五月之間，實爲匪我作決定存亡之大戰也。〔註49〕

由此可知，蔣中正對於中共連日來向海南島發動進攻，將攻瓊視爲攻臺的前奏，令蔣陷入棄瓊與否的長考。

　　中共第一次偷渡計畫可謂成功。第二次偷渡，計畫分兩批，第一批偷渡部隊由 40 軍 118 師加強團在 3 月 26 日強行登陸海南島北側之玉包港和國軍激烈交戰後，與瓊崖縱隊順利會合，抵達中共在瓊西的根據地。第二批偷渡部隊由 43 軍第 127 師第 379 團 3 月 31 日出發，預計在海南島北側海口市右方的北創港一帶登陸，途中遭遇風浪阻撓，並與國軍激烈交戰，傷亡數量比起前幾次的行動增加不少。

　　薛岳此次接獲消息，一面在海上全力防堵中共艦隊，緊急向蔣中正請求增援：「但皆未能於未著陸前，即殲匪於海中我海軍力量薄弱海岸線過長請火速增派戰艦四艘開瓊。」〔註50〕一方面，薛岳從俘虜口中獲知，中共進攻目的，是護送偷渡部隊上岸，報告稱：「俘匪稱：匪確以加強營與團爲單位，互

〔註46〕「蔣中正自臺北致薛岳電」（1950 年 3 月 16 日），〈革命文獻——蔣總統復行視事〉，《蔣中正總統文物》，國史館藏，典藏號：002-020400-00035-066。

〔註47〕「蔣中正自臺北致薛岳電」（1950 年 2 月 9 日），〈製造各地暴動（五）〉，《蔣中正總統文物》，國史館藏，典藏號：002-090300-00016-405。

〔註48〕「蔣中正自臺北致薛岳電」（1950 年 3 月 25 日），〈領袖指示補編（十七）〉，《蔣中正總統文物》，國史館藏，典藏號：002-090106-00017-450。

〔註49〕呂芳上主編，《蔣中正先生年譜長編》，第九冊，頁 469～470，1950 年 3 月 31 日條。

〔註50〕「薛岳自海南致蔣中正電」（1950 年 3 月 27 日），〈武裝叛國（一七八）〉，《蔣中正總統文物》，國史館藏，典藏號：002-090300-00201-193。

向本島偷登，以增強島內土共力量，期將來佔領一處或多處港口，以建立強有之力灘頭陣地，以接應大陸匪軍。」〔註51〕

　　但中共部隊最終仍是突破國軍艦隊封鎖，在北創港一帶登陸成功，並與瓊崖縱隊會合，完成第二次偷渡計畫。〔註52〕對於此次偷渡計畫，毛澤東表示：「這是人民海軍的首次英勇戰績，應予學習和表揚。」〔註53〕三月份的偷渡計畫，成功將近萬人的軍力送上海南島，為接下來大規模進攻奠下基礎。

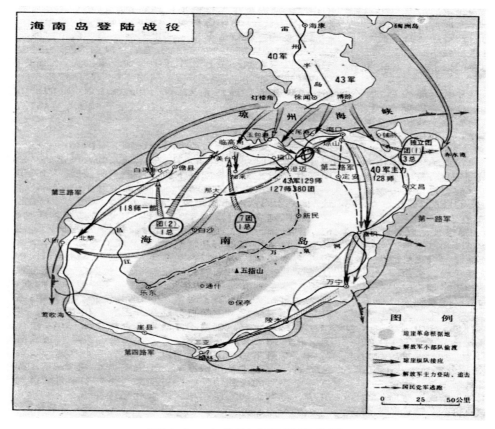

圖 2-1　中共海南島登陸作戰

資料來源：http://www.chinabaike.com/article/UploadPic/2007-7/200771511615335.jpg，
　　　　　2016/06/05。

〔註51〕「薛岳自海南致蔣中正電」（1950 年 3 月 31 日），〈武裝叛國（一七八）〉，《蔣中正總統文物》，國史館藏，典藏號：002-090300-00201-197。
〔註52〕中國人民解放軍第四野戰軍戰史編委會編，《中國人民解放軍第四野戰軍戰史》，頁 606～609。
〔註53〕中共中央文獻研究室編輯，《建國以來毛澤東文稿》，第一冊，頁 361。

三、撤離海南島之決策

4月10日，中共決心實行大規模渡海作戰，出動第40、43軍的主力部隊，配合海南島上的偷渡部隊共同作戰。15日出發，17日強行登陸成功後開始發動大規模陸上作戰，欲搶下海口為據點。解放軍東西兩線在美亭交會，21日國軍抵擋不住，開始向海南島南方的榆林撤退。〔註54〕

面對此次中共的大規模作戰，薛岳起初似乎並未意識到這將是決戰，16日電報給蔣：「匪馮白駒率土共第二師及警衛團，會合在新英玉包港偷登之殘匪，竄海頭以東，有擾我海防，與接應雷州匪登陸之企圖。」〔註55〕17日再電稱：「匪船百餘艘，由徐聞西南登樓角，向我臨高進犯，其中二十餘艘在林詩港附近登陸，另十艘分在大雅良富登陸，又七十餘艘在臨高角附近登陸，為我陸海空軍痛擊中。」〔註56〕

19日才意識到此次攻擊是大規模行動，薛岳再電：「強登之匪不斷向南擴張灘頭陣地我臨高仍在固守中但戰事已蔓延至福山以南加來西北地區又雷州半島西南沿海大批匪船南航續登請速准所請加派海空軍來瓊。」〔註57〕

蔣中正18日接獲海南戰況，立即召見參謀總長周至柔，並指示其各高級軍事機構參謀長及情報通信等人事之調整與統一問題。晚上再與陳濟棠談海南撤防問題。〔註58〕19日再接見柯克，商討海南撤防問題，囑其與海軍總司令桂永清，飛往海南視察戰況，並自記：

> 與柯克商討海南撤防問題，彼自不贊同，乃囑彼與桂永清飛海南視察戰況，並增派海空軍，加強阻匪渡海之後續部隊，必待登陸之匪消滅後，再行撤退也。〔註59〕

同日，陳誠也與周至柔談及海南撤退問題，認為撤退不宜過早；並謁見蔣中

〔註54〕中國人民解放軍第四野戰軍戰史編委會編，《中國人民解放軍第四野戰軍戰史》，頁612～616。

〔註55〕「薛岳自海南致蔣中正電」（1950年4月16日），〈武裝叛國（一七八）〉，《蔣中正總統文物》，國史館藏，典藏號：002-090300-00201-216。

〔註56〕「薛岳自海南致蔣中正電」（1950年4月17日），〈武裝叛國（一七八）〉，《蔣中正總統文物》，國史館藏，典藏號：002-090300-00201-217。

〔註57〕「薛岳自海南致蔣中正電」（1950年4月19日），〈武裝叛國（一七八）〉，《蔣中正總統文物》，國史館藏，典藏號：002-090300-00201-219。

〔註58〕秦孝儀總編纂，《蔣公大事長編初稿》，卷九，頁107，1950年4月18日條。

〔註59〕秦孝儀總編纂，《蔣公大事長編初稿》，卷九，頁107；呂芳上主編，《蔣中正先生年譜長編》，第九冊，頁478，1950年4月19日條。

正商討海南撤退時機，與薛岳回臺後安置問題。陳誠力薦薛岳為國防部長。
〔註 60〕

　　有趣的是，直至 22 日撤退到榆林前，薛岳屢傳「捷報」給蔣中正，大都
對於戰況相對樂觀，似有「報喜不報憂」之感。如「我海、空軍晝夜出擊，
斃匪千餘毀、匪船百餘艘此次來犯之匪。」〔註 61〕又如「匪林彪向我瓊北西
岸林詩、玉包、馬裊港等處強登，為我海、陸、空協力斃傷匪五千餘。」〔註
62〕蔣中正也持續電薛岳，要其注意中共動向：「據報，匪飛機將改塗青天白日
國徽，一部船隻改懸我國旗矇混我軍，俾一舉攻佔瓊島等情，希密切注意防
範。」〔註 63〕

　　但 22 日當天，蔣中正就接獲海南戰況突變，薛岳已離首府海口而遷榆林
的消息：

> 我平頂山陣地終被突破，美亭方面，聯絡中斷，匪復東竄至安仁，
> 直攻海口，我第一六三、第一五三師與教導師一部，予以截擊，又
> 我仍固守臨高，另本部指揮所移駐榆林。〔註 64〕

蔣中正才知道前方戰況，氣得大罵：「接報海南戰況突變，薛岳已離海口而遷
榆林，可知昨晚中央社戰報完全誑妄虛偽，實令今後宣傳無法取信，可恥之
至。」〔註 65〕。晚上再接見柯克，聽取柯克從海南島回來所做的備忘錄，錄
中對於薛岳的調度做了一番抨擊：

> （一）薛總司令之部隊均分布作環島防禦，因此不能隨時集中一強
> 有力之軍團以抵禦強有力之攻擊，所以如此散布之原因或在乎防止
> 海南土共與大陸共軍之取得聯絡。

〔註 60〕葉惠芬等校編，《陳誠先生日記（二）》，臺北：國史館，2015 年 7 月第一版，頁 758。

〔註 61〕「薛岳自海南致蔣中正電」（1950 年 4 月 19 日），〈武裝叛國（一七八）〉，《蔣中正總統文物》，國史館藏，典藏號：002-090300-00201-220。

〔註 62〕「薛岳自海南致蔣中正電」（1950 年 4 月 20 日），〈武裝叛國（一七八）〉，《蔣中正總統文物》，國史館藏，典藏號：002-090300-00201-223。

〔註 63〕「蔣中正自臺北致薛岳電」（1950 年 4 月 22 日），〈領袖指示補編（十七）〉，《蔣中正總統文物》，國史館藏，典藏號：002-090106-00017-454。

〔註 64〕「薛岳自海南致蔣中正電」（1950 年 4 月 22 日），〈武裝叛國（一七八）〉，《蔣中正總統文物》，國史館藏，典藏號：002-090300-00201-225。

〔註 65〕秦孝儀總編纂，《蔣公大事長編初稿》，卷九，頁 113；呂芳上主編，《蔣中正先生年譜長編》，第九冊，頁 481，1950 年 4 月 22 日條。

（二）海軍桂總司令與余同向薛總司令建議，以登陸艦載運軍隊出
海於海口四十英里之岸邊登陸攻擊敵人後面之弱點，此乃二十四日
之建議，若能在十八、十九日實施，可能收取重要效果。

（三）共軍在 21 日上午暫停作戰時，國軍未加進擊，共軍乃等候援
助與補給，同時亦極需休息，此良好之機會無異由國軍所貢獻。

（四）俄國秘密提供新製火炮給中共防空之用。〔註66〕

另外根據柯克日後寫給麥克阿瑟的信中指出，他在海口眼見薛岳誤將四千名
共軍當作投誠部隊，結果不久後，中共的大批增援部隊到達，海口便淪陷了，
柯克稱：「薛岳所領導的國軍，本具有絕對優勢，卻被來犯的共軍徹頭徹尾地
打敗。」〔註67〕於是蔣中正最終做出決定，下令撤離海南島；並決定「海南
撤回來臺部隊之駐地，指示其方針後，決將其主力大部不來臺灣，而先分駐
澎湖、金門，以免紛擾臺灣秩序也。」〔註68〕5 月 2 日，總計共約 6 萬國軍開
始撤離，增強了各外島防衛力量。〔註69〕

四、海南撤退之迴響

海南島失守，引發蔣中正與將領間的矛盾。4 月 24 日，海口失守的隔日，
蔣中正在聯合軍演的講評中即影射薛岳的領導不力，指中共 16 日登陸的部隊
並不完整，17、18 日是可以「將海岸各防禦區的部隊大量集中，來打擊登陸
的匪軍，以期獲致徹底的勝利。」又 20 日有攔截到「匪軍無線電話，說是糧
食斷絕、士氣低落，請求其雷州半島匪方速即增援。」此時就應「採取斷然
措施，予匪軍迎頭痛擊，使他欲進不能、欲退不得，來完成一個殲滅性的勝
利；直到任務完成，然後從容撤退，豈不甚好！」但可惜「高級指揮官沒有
這種戰術修養和指揮技能，以致反而失敗，實在是一件莫大的遺憾。」〔註70〕

〔註66〕「柯克呈蔣中正評海南島戰役備忘錄」（1950 年 4 月 23 日），〈金馬及邊區作
戰（三）〉，《蔣中正總統文物》，國史館藏，典藏號：002-080102-00102-003。

〔註67〕*Cooke to MacArthur*, April 27, 1950, Charles M. Cooke Papers, Box 6.轉引自林
孝庭，〈私人化的國家政策：蔣中正、查理柯克與 1949～1951 年間的臺美軍
事與安全關係〉，收錄於黃克武主編，《遷臺初期的蔣中正》，頁 446～447。

〔註68〕秦孝儀總編纂，《蔣公大事長編初稿》，卷九，頁 119，1950 年 4 月 30 日條。

〔註69〕秦孝儀總編纂，《蔣公大事長編初稿》，卷九，頁 131，1950 年 5 月 2 日條。

〔註70〕〈東南區陸海空軍聯合演習講評〉，《總統蔣公思想言論總集》卷 23，演講，
頁 226～227。

蔣中正這番言論，可看出應是根據柯克所提出的備忘錄內容，也能了解蔣中正認定海南島失守，薛岳應負相當程度的責任。

在海口市失守三天後，美聯社由海南島發出一篇新聞稿，引述當地某高級將領談話，指責蔣中正因政治目的，才放棄海南島：「蔣氏之下令放棄，其動機係爲政治的，而非軍事的。彼云：蔣氏拒絕增援，因恐負責海南防守之薛岳與陳濟棠兩氏之強大與獲得人望」、「海南國軍如能得一個軍之增援，則仍能保有海南」；「渠又云，當上星期五海口受威脅時，軍事當局曾要求自臺灣調第五十軍增援而遭拒絕。蔣氏在去年十二月即曾下令放棄海南，彼時以爲林彪有三十萬人抵達雷州半島，而國軍在海南僅有兩軍約五萬人；以後發現共軍不過三萬人，此撤退命令遂未執行。」〔註71〕

蔣中正也立即令人發出聲明闢謠，全面否認曾頒令放棄全部海南，而致12 萬 5 千國軍落於共黨之手。相反的，蔣曾透過海南行政長官，頒令軍隊將領，勉其努力將共軍自海南北海岸驅退。〔註72〕同日召集宣傳會報，指出海南撤退宣傳失利是「始則薛岳詐報大勝，繼又誘卸責任推於領袖，眞使貽笑中外；今後宣傳信用不可挽救，其損失之大，甚於失陷十個海南矣。」〔註73〕並強烈表示不滿，指責：「香港與世界各地，因海南失敗與薛岳談話，其影響國家地位與領袖威望，幾乎無法補償。復職以來一月餘，所建立政府之信仰與全民之殷望，完全爲薛岳一擊，掃地殆盡。」〔註74〕

29 日蔣中正接見薛岳聽取海南撤退報告後，表示：「海南島撤退本爲正當之行動，而竟遭無稽之毀謗，而且不可補償之程度。事後雖薛岳聲明，證實美聯社記者有意作挑撥內部與毀謗領袖之謠諑，然已無補於事矣。」〔註75〕是美聯社記者在海南故作反動宣傳，且爲華府一貫政策使然：「此乃共黨利用外國記者爲工具之陰謀；而美國務院亦利用其記者反宣傳，以期達成其毀蔣亡華之政策。」〔註76〕將美聯社的報導，認定爲中共之反間計，欲造成蔣中正與薛岳之間矛盾。

〔註71〕　「呈蔣中正美聯社外電譯文」（1950 年 5 月 2 日），〈金馬及邊區作戰（三）〉，《蔣中正總統文物》，國史館藏，典藏號：002-080102-00102-004。

〔註72〕　「呈蔣中正美聯社外電譯文」（1950 年 5 月 2 日），〈金馬及邊區作戰（三）〉，《蔣中正總統文物》，國史館藏，典藏號：002-080102-00102-004。

〔註73〕　呂芳上主編，《蔣中正先生年譜長編》，第九冊，頁 483，1950 年 4 月 25 日條。

〔註74〕　呂芳上主編，《蔣中正先生年譜長編》，第九冊，頁 483，1950 年 4 月 25 日條。

〔註75〕　呂芳上主編，《蔣中正先生年譜長編》，第九冊，頁 485，1950 年 4 月 29 日條。

〔註76〕　秦孝儀總編纂，《蔣公大事長編初稿》，卷九，頁 118，1950 年 4 月 29 日條。

　　直到 5 月 5 日的演講中，蔣中正猶有意針對美聯社這篇報導做出澄清，可見其之念茲在茲。他強調「去年 12 月海南軍政長官曾來臺灣請示，認爲我們的力量既不足以久保海南，則不如早日集中兵力，以增強臺灣防衛的力量。」自己則是主張力保海南島，因「海南島的地位，不僅關係於我們本國，而其關係於東南亞各國的安危，更爲重要」；故「我們也一定要用我們最大的力量防衛海南，來盡到我們的責任，非到萬不得已，不宜輕言撤退。」但可惜因東南亞各國「袖手旁觀」，於是面對「共匪果然對海南大舉進犯，我們政府認爲已竭盡我們的力量，且已盡到我們對各鄰邦掩護的職責，於是不得已乃只好宣告撤退。」〔註77〕

　　這篇「五五講詞」極受蔣的重視，並自認：「五五講詞對於海南撤退之眞相與原因之宣告，可熄中外各種之猜疑；而美國記者幸災樂禍之謠詠，與美報之惡意批評，只可置之一笑。」〔註78〕8 日，卻再向美國記者訪華團澄清稱：

> 放棄海南，在兩個月前西昌撤退以後，即經決定。西昌撤退以後，
> 海南對中國反共的價值即已減少，海空軍如此遠距離作戰與補給，
> 均甚困難，政府經濟力量負擔不起，所以政府在兩個月以前，即決
> 定撤退海南島。海南的撤退，一切照預定計畫進行，武器均無損失，
> 且並無投降，與以前其他各地的撤退情形大不相同。此次撤退之成
> 功，足以證明紀律與士氣業已恢復。〔註79〕

「一切照預定計畫進行，武器均無損失，且並無投降」，只是外交辭令；蔣私記則說道：「海南撤出部隊已有七成，約五萬戰員到達臺灣，達成預期之目標，實爲不幸中之幸，惟其武器已大半損失矣。」〔註80〕

　　總結而言，蔣中正本就有意從海南島撤離，但卻猶豫不決；最後終究因爲中共大規模進攻，迫使國軍匆匆撤離。海南島的撤離，雖然讓中華民國國土再蹙，但也加強了臺澎金馬的防禦。然而，被迫撤離海南島所帶來的損失，也促使了蔣中正決心下令棄守另一外島，以避免被迫撤離的窘境再度上演。

〔註77〕〈對革命政府成立紀念大會書面致詞〉，《先總統蔣公思想言論總集》，卷40，
　　　　書面致詞，頁 11～13。
〔註78〕秦孝儀總編纂，《蔣公大事長編初稿》，卷九，頁 134；呂芳上主編，《蔣中正
　　　　先生年譜長編》，第九冊，頁 491，1950 年 5 月 6 日條。
〔註79〕呂芳上主編，《蔣中正先生年譜長編》，第九冊，頁 491～492，1950 年 5 月 8
　　　　日條。
〔註80〕秦孝儀總編纂，《蔣公大事長編初稿》，卷九，頁 134；呂芳上主編，《蔣中正
　　　　先生年譜長編》，第九冊，頁 491，1950 年 5 月 6 日條。

第二節　舟山群島棄守

　　舟山群島位於中國大陸東海，有大小島嶼1,390個，水域總面積約為22,200平方公里，陸地面積1,371平方公里，曾任舟山群島防衛司令的石覺指出「舟山群島屹立東海，北制長江口，西控杭州灣，南阻象山港，雄視京滬」，〔註81〕具有重要戰略意義。1949年7月18日，東南軍政長官公署成立，以陳誠為東南軍政長官。〔註82〕統一江蘇、浙江、福建、臺灣各省沿海軍事、政治措施；並設置舟山群島防衛司令部，派石覺為司令官。〔註83〕8月，蔣中正指示努力完成保衛舟山、建立東南反攻前進陣線之任務。〔註84〕10月，中共發動攻勢，相繼奪得舟山群島中的金塘與桃花兩島。11月3日砲擊舟山群島中的登步島，國軍力守成功，是為「登步島大捷」。〔註85〕此役雖讓蔣中正更加重視舟山群島的防禦，但隨著中共布置重兵，準備大舉進攻舟山群島，加上海南島緊急撤離的經驗，蔣中正也不得不思考著是否該提早撤守舟山群島。

一、積極鞏固舟山

　　登步島戰役前，蔣中正便已下令增防舟山，要「不顧一切犧牲之決心，固守定海，對舟山之防衛，陸軍兵力不宜分散」；且同意第52軍及戰車1個連增援。〔註86〕登步島戰役後，第52軍十一月十一日抵達舟山；十二月軍事會議，再將第40師增編至第52軍，與第45師協防；〔註87〕1950年4月再調

〔註81〕陳存恭、張力訪問，張力紀錄，《石覺先生訪問紀錄》（臺北：中研院近史所，1986年初版），頁327。

〔註82〕秦孝儀總編纂，《蔣公大事長編初稿》，卷七（下冊）（臺北：中正文教基金會，1978年初版），頁331。

〔註83〕葉健青編，《蔣中正總統檔案——事略稿本81——民國三十八年七月（下）至九月》（臺北：國史館），2013年，頁463～465，1949年8月26日條。

〔註84〕「蔣中正自重慶致桂永清電」（1949年8月26日），〈革命文獻——蔣總統引退與後方布置（二）〉，《蔣中正總統文物》，國史館藏，典藏號：002-020400-00029-050。

〔註85〕秦孝儀總編纂，《蔣公大事長編初稿》，卷七（下冊），頁412，1949年7月18日條。

〔註86〕〈第八次陸海空軍聯席會議紀錄〉，「東南軍政長官公署聯席會議紀錄」，檔案管理局，《國防部史政編譯局檔案》，民國38年8月至38年12月，檔號：0038/003.5/5090。

〔註87〕〈第十五次陸海空軍聯席會議紀錄〉，「東南軍政長官公署聯席會議紀錄」，檔案管理局，《國防部史政編譯局檔案》，民國38年8月至38年12月，檔號：0038/003.5/5090。

第 19 軍至前往。〔註88〕延至年 5 月前，總計駐守舟山群島之陸軍部隊共有第 19、52、67、71、75、87 軍與第 45、71、92 師共 15 個師，加上海軍陸戰隊第一旅以及各特戰單位，總計共約 12 萬 5 千人。〔註89〕大致已達當時國軍陸軍總人數之三分之一，由此可知蔣中正對於舟山群島之重視。

儘管陸續投入大量部隊，但舟山群島的基礎建設仍感不足。1950 年 2 月，陳誠視察完舟山群島，就曾向蔣中正報告：

> 連日視察各部隊及工事與交通衛生等，一切均有進步。官兵備戰情緒亦甚積極，惟因待解之事甚多如武器彈藥之缺乏、禦寒衣物之不足、工事材料之奇缺等，刻已分別飭主管單位設法解決。〔註90〕

3 月，軍事工事陸續完成，石覺向蔣中正報告：「（一）本島海軍據點與封鎖工事及各衛星島據點，均已完成。內陸據點工事正加強構築中。（二）岱山、秀山長白區永久工事，除岱山區未施工外，已大部完成。新增築之三百個永久工事，俟材料撥放運抵後，即可施工。（三）副防禦物僞裝，除主要陣地已完成外，其餘各陣地正設置中。」〔註91〕其他如軍用機場〔註92〕與無線電臺〔註93〕等設施，也陸續建設完成。

武器裝備方面，登步島戰役結束後石覺曾反應，要求增加武器裝備，東南軍政長官公署會後決議：（一）所請突擊艇及登陸艇兩項，先將登陸艇一律集中，漁船可能抽調者儘量抽調，給予代價，並儘先分配給舟山使用。（二）機關砲可加發，15.5 加農砲先加速修理 2 門，5.7 戰防砲即調一個連。（三）

〔註88〕 「陸軍各單位轉進臺灣經過報告書」，檔案管理局，《國防部史政編譯局檔案》，1950 年，檔號：0038/543.4/7421。

〔註89〕 「石覺呈蔣中正舟山防衛匪我兵力分析及作戰方針」（1950 年 3 月 30 日），〈總統對軍事訓示（二）〉，《蔣中正總統文物》，國史館藏，典藏號：002-080102-00063-013；陳存恭、張力訪問，張力紀錄，《石覺先生訪問紀錄》臺北：中研院近史所，1986 年，頁 371。

〔註90〕 「陳誠電呈蔣中正報告舟山戰備及匪情」（1950 年 2 月 15 日），〈文電甲類（下冊）〉，《陳誠副總統文物》，國史館藏，典藏號：008-010101-00002-096。

〔註91〕 「石覺自舟山致蔣中正電」（1950 年 3 月 8 日），〈領袖復行視事（一）〉，《蔣中正總統文物》，國史館藏，典藏號：002-090104-00001-319。

〔註92〕 「周至柔呈蔣中正舟山區補給進度檢討表」（1950 年 4 月 14 日），〈金馬及邊區作戰（二）〉，《蔣中正總統文物》，國史館藏，典藏號：002-080102-00101-004。

〔註93〕 「張道藩呈蔣中正關於籌設海辦理情形」（1950 年 3 月 23 日），〈一般資料——民國三十九年（一）〉，《蔣中正總統文物》，國史館藏，典藏號：002-080200-00340-029。

槍榴彈照編制補足。（四）戰車一個營照調。（五）工事材料儘可能先撥發。（六）手榴彈就現有者發 4 萬顆，衝鋒槍彈查發。（七）探照燈發 10 具（新品）。（八）汽車即配可用者廿輛。〔註 94〕

1950 年 3 月，石覺又電蔣中正，向其報告要求：「增強本區戰力戰資，空軍以確保制空權而增加所需之機數；海軍增足大艦 7 艘，砲艦 20 艘；陸軍增加三個師，獨立砲兵一個團，戰車增足一個團。屯備一個月之糧食燃料，五個攜行基數彈藥，特須手榴彈 600,000 枚，成功雷 500 個。優先補足部隊武器，特需輕機槍與機關炮。」〔註 95〕並呈雙方武器比較表，顯示現階段的武器裝備仍感不足（請參考「表 1」）：

表 2-1：石覺所列統計「國共軍隊步兵武器比較」

品名	匪	我	比例
步槍	62,000	27,771	2.5：1
輕機槍	5,580	2,619	2：1 強
衝鋒槍	7,254	3,906	2：1 弱
重機槍	1,116	793	2：1 弱
火箭炮	372	178	2：1 強
60 迫砲	1,116	777	2：1 弱
52 迫砲	372	296	1.2：1 強
42 迫砲	－	10	－
戰防砲	372	24	15：1 強
總計	78,182	36,384	2：1 強
一、表列共軍武器數字係 62 各團之總和，為歷次戰鬥及俘擄文件研判而得。二、我方為實有數字。			

資料來源：「石覺呈蔣中正舟山防衛兵力分析及作戰方針」（1950 年 3 月 30 日），〈總統對軍事訓示（二）〉，《蔣中正總統文物》，國史館藏，典藏號：002-080102-00063-013。

〔註 94〕〈第十次陸海空軍聯席會議紀錄〉，「東南軍政長官公署聯席會議紀錄」，檔案管理局，《國防部史政編譯局檔案》，民國 38 年 8 月至 38 年 12 月，檔號：0038/003.5/5090。
〔註 95〕「石覺呈蔣中正舟山防衛兵力分析及作戰方針」（1950 年 3 月 30 日），〈總統對軍事訓示（二）〉，《蔣中正總統文物》，國史館藏，典藏號：002-080102-00063-013。；陳存恭、張力訪問，張力紀錄，《石覺先生訪問紀錄》臺北：中研院近史所，1986 年，頁 346。

　　此後，武器裝備陸續運往舟山群島。4月，周至柔呈蔣中正舟山區補給進度檢討表，已顯示各需求逐漸補齊，僅剩砲彈類仍較缺乏，如八一迫砲彈需74,400僅有49,079顆；槍榴彈需85,800僅有22,685顆，原因是已無庫存。〔註96〕可看出，武器與裝備隨著時間也漸漸補齊，至5月前，軍備需求已臻完備。石覺稱：「舟山在總體戰體制下，黨政軍緊密配合，徹底組訓民眾，經營戰場，嚴整戰備，短期之內，已構成堅強之戰鬥體。在此期間，經動員民力，協助部隊，完成戰備道路兩百公里，軍用碼頭廿一個，橋樑百餘座，興建巨型機場一處，使島間及島際部隊裝備之調動與補給，及對江南地區之制空與長江口之封鎖，效能大增。」〔註97〕

　　蔣中正也對舟山防禦工事大爲讚揚：「定海防禦工事加強進步甚速，全島公路密布，而且路基甚固，尤其北岸碼頭修築更佳，使全島軍事形勢爲之改觀，各地工事加強，比諸去年十月以前來視察時，殊有天淵之別。」〔註98〕

圖2-2　蔣中正巡視舟山群島防務

資料來源：呂紹理、唐啓華、沈志華主編，《冷戰與臺海危機》（臺北市：政大歷史系，2010年初版）頁xvi。

〔註96〕「周至柔呈蔣中正舟山區補給進度檢討表」（1950年4月14日），〈金馬及邊區作戰（二）〉，《蔣中正總統文物》，國史館藏，典藏號：002-080102-00101-004。

〔註97〕陳存恭、張力訪問，張力紀錄，《石覺先生訪問紀錄》臺北：中研院近史所，1986年，頁369。

〔註98〕秦孝儀總編纂，《蔣公大事長編初稿》，卷九，頁117；呂芳上主編，《蔣中正先生年譜長編》，第九冊，頁484，1950年4月27日條。

二、蔣中正考慮撤退

　　雖然蔣中正肯定舟山群島的防禦工事之際，卻開始思考是否從該處撤離。舟山群島雖然被打造成具有相當戰力的軍事基地，但位處與中共對峙的最前線，隨時面臨劍拔弩張的局面，仍舊充滿危機。

　　1950 年 3 月 15 日，負責進攻華東地區的中共第三野戰軍，已發出指示：（一）第七、十兵團各部隊，對解放舟山、金門作戰，已先後進行幾個月的準備，大體上均已就緒，即將進入執行作戰任務，以解放舟山、金門兩島。（二）完滿的完成解放舟山、金門戰役任務，不僅直接的可以殲滅十餘萬殘敵，解放東南沿海各島，而且要造成臺灣殘匪的更加孤立和更加動搖崩潰，逐漸打破殘匪對我東南沿海的封鎖，減少對我內地的各種騷擾破壞。〔註 99〕毛澤東也曾發電報向解放軍第三野戰軍副司令粟裕指示：「先打定海，再打金門的方針應加確定，待定海攻克撥船、撥兵去福建打金門。」〔註 100〕

　　對此，蔣中正似有接獲相關情資，速電石覺：「據報共匪進攻舟山之準備已經完畢，即將開始行動。務希嚴令各部隊切實準備，并令空軍在日內不分晝夜猛烈偵炸為要。」〔註 101〕石覺在 23 日也呈上相關情報，表示共軍也在上海、乍浦等地，聚集數百艘木船與數十艘砲艇，並在滬杭地區招募警察五千人，在蘇浙皖地區徵集船夫。〔註 102〕

　　石覺並稱：15 至 17 日間陸續發現有數架戰鬥機降落上海江灣機場，且「駕駛員為俄人，副駕駛為共幹，聞均由徐州機場起飛。該項敵機均尖頭單翼，翼下塗有紅色五角星」，顯示蘇聯疑似派出軍機協助中共。蔣中正對於此事十分重視，憂慮道：

> 俄人到滬為匪作軍事工作者已有八千人數，而且對飛機場與空軍布置工作特別緊張。自上週在徐州發現匪機後，本周又在滬發現其三機，可知匪之空軍已有相當力量，俄人必參加空戰無疑，不能不積

〔註 99〕「第三野戰軍政治部關於加緊準備解放舟山、金門戰役政治工作的指示」，收錄於中國人民解放軍歷史資料叢書編審委員會編，《解放戰爭戰略追擊・華東地區》（北京：中國人民解放軍出版社，1998 年），頁 418～421。

〔註 100〕「毛澤東關於確定先打定海在打金門的方針的批語」，《解放戰爭戰略追擊・華東地區》（北京：解放軍出版社，1998 年），頁 425。

〔註 101〕「蔣中正自臺北致石覺電」（1950 年 3 月 16 日），〈革命文獻——蔣總統復行視事〉，《蔣中正總統文物》，國史館藏，典藏號：002-020400-00035-065。

〔註 102〕「東南戡亂作戰經過概要（四）」，檔案管理局，《國防部史政編譯局檔案》，1949 年 5 月至 1950 年 1 月，檔號：0038/543.64/5090。

極防備也。〔註103〕

從國防部公布的情資顯示，中共至 1950 年 3、4 月間，已逐漸聚集部隊至浙江一帶，海軍方面亦開始全面準備作戰，加上既有優勢的陸軍，中共似乎已做好全面進攻舟山群島的準備：「蘇浙地區兵力有 15 個軍，4 個縱隊，39 萬 9 千人；上海及浙東地區登陸船 38 艘、輪船 29 艘、汽船 131 艘、機帆船 1 千艘、木船 600 艘，總噸位 207,849 噸，一次運量 7 至 10 萬人；舟山地區登陸艇 2 艘、汽船 2 艘、機帆船 680 艘、木船 4,655 艘，總噸位 131,840 噸，一次運量 7 至 8 萬人。」〔註104〕判斷其目標是：「利用霧季及風向發動春季攻勢，傾全力分四路進犯舟山，其攻擊出發點爲象山東北沿海地區、鎮海龍山、平湖乍浦、上海浦東，並將先行攻略各小島再犯定海。」〔註105〕

石覺在 3 月 30 日也呈上一份國軍與共軍戰力的報告，指出「依其總兵力與可用船隻，估計實力遠大于我，假令進犯之匪，在海岸以外，爲我殲滅三分之一，但登陸後，仍能對我保持絕對優勢」，建議蔣中正補充物資與增援駐守舟山部隊。〔註106〕

面對中共大規模的進攻準備行動，蔣中正抱持著高度警戒的態度。收到告急電報後，立即召見周至柔，談調動金門軍隊，增防定海，積極反擊之意旨。〔註107〕4 月 2 日再召見石覺，討論定海防務。〔註108〕聽取完舟山群島的相關報告，隔日蔣中正召見行政院政務委員黃季陸、臺灣省主席吳國楨，商討糧食接濟舟山，運足一月存糧，並稱：「此心乃安」。〔註109〕召見周至柔，研究敵我空軍戰力，自記：

昨日我機在杭州灣附近掃射匪船時，忽被匪機自上後空注射而來，

只見火光彈，而未見其機，兩機皆被其擊毀。其中一機在吳淞口外，

〔註103〕呂芳上主編，《蔣中正先生年譜長編》，第九冊，頁 466～467，1950 年 3 月 25 日條。

〔註104〕「東南戡亂作戰經過概要（四）」，檔案管理局，《國防部史政編譯局檔案》，1949 年 5 月至 1950 年 1 月，檔號：0038/543.64/5090。

〔註105〕「東南戡亂作戰經過概要（四）」，檔案管理局，《國防部史政編譯局檔案》，1949 年 5 月至 1950 年 1 月，檔號：0038/543.64/5090。

〔註106〕「石覺呈蔣中正舟山防衛匪我兵力分析及作戰方針」（1950 年 3 月 30 日），〈總統對軍事訓示（二），《蔣中正總統文物》，國史館藏，典藏號：002-080102-00063-013。

〔註107〕秦孝儀總編纂，《蔣公大事長編初稿》，卷九，頁 82，1950 年 3 月 30 日條。

〔註108〕秦孝儀總編纂，《蔣公大事長編初稿》，卷九，頁 84，1950 年 4 月 2 日條。

〔註109〕秦孝儀總編纂，《蔣公大事長編初稿》，卷九，頁 85，1950 年 4 月 3 日條。

我海軍停泊處跳傘降下獲救，乃知空戰情勢嚴重為慮，即准國楨赴
美交涉其軍援也。〔註110〕

並召見金門防衛司令胡璉，催促運送第十九軍增防定海。

此時，蔣中正已經了解到中共空軍逐漸增強，這對舟山群島的防禦相當
不利，因為舟山群島的作用便是「封鎖長江，抑制匪軍行動，故必須兼有制
空制海之兩項優勢方能達成任務。」〔註111〕若失去空防優勢，防禦難度將更
加提高，運送物資也會更困難，「此後匪共如有勝勢空軍，則我定海運糧更難，
故不得不積極存糧也。」〔註112〕

為此，蔣中正積極地與眾人商討對策。4 月 16 日，召見陸海空軍各總司
令「指示海、空軍在定海者對匪空軍之防範與作戰要旨」；〔註113〕19 日再度
商討「指示定海防務，準備共軍以優勢空軍，先摧毀國軍陣地，而國軍無空
軍助戰之情況下，策定各種戰鬥部署。」〔註114〕20 日，蔣致函石覺，提醒防
務注意事項：

> 一、共軍此次來攻，必以優勢兵力，全體官兵須有與陣地共存亡，
> 為救國救民，實行三民主義而犧牲之決心；二、共軍發動全面進攻，
> 必先圖佔領岱山，因此岱山兵力與防務必須加強，如能先將其擊敗，
> 不能得逞，則於本島防衛戰更於我有利也；三、共軍發動攻勢，必
> 有無數船舶，尤其是普通木船，滿海蜂擁而來，我軍應事先準備及
> 作各種想定之演習，各級主管官即速有周到之預備，勿使所部驚駭
> 失措，而能鎮定自如。〔註115〕

25 日再度致函石覺，曰：「預料舟山前線共匪將有海空軍協同作戰，彼時我方
海上交通必感困難，祇得利用夜間行動」，故「舟山各島大小民船務應加以組
織，並予以偽裝，以及規定其錠泊位置，岱山與定海之交通尤應特別注意，
此事可即進行，並應舉行演習。對於成功雷之使用，前日此間試驗效果甚好，

〔註110〕秦孝儀總編纂，《蔣公大事長編初稿》，卷九，頁 85，1950 年 4 月 3 日條。
〔註111〕陳存恭、張力訪問，張力紀錄，《石覺先生訪問紀錄》臺北：中研院近史所，
　　　　1986 年，頁 372。
〔註112〕秦孝儀總編纂，《蔣公大事長編初稿》，卷九，頁 88～89，1950 年 4 月 8 日條。
〔註113〕秦孝儀總編纂，《蔣公大事長編初稿》，卷九，頁 94；呂芳上主編，《蔣中正
　　　　先生年譜長編》，第九冊，頁 477～478，1950 年 4 月 16 日條。
〔註114〕秦孝儀總編纂，《蔣公大事長編初稿》，卷九，頁 107，1950 年 4 月 19 日條。
〔註115〕秦孝儀總編纂，《蔣公大事長編初稿》，卷九，頁 110；呂芳上主編，《蔣中正
　　　　先生年譜長編》，第九冊，頁 478～479，1950 年 4 月 20 日條。

惟必須待匪之主力到達時開始爆炸，才能獲致最大效果，不可太早」等語。〔註116〕從蔣中正頻繁對石覺下達指示，可看出其對於舟山群島的重視，27 日更親自飛往舟山群島巡視。

然而，巡視過程中，美籍顧問柯克認爲共軍機場多過國軍十之八，無論其有否擁有噴氣機，即使空軍質量、數量皆與我相等，而其可利用多數機場，則我方必處劣勢，以理、以力而論，定海無法固守確保，故建議全面撤出舟山群島，蔣中正答覆：「以海南撤退程度未定，而且匪機內究有俄式噴氣機否，皆未判定以前，不能決定，即使匪來進攻，亦應先予決戰，受我打擊敗退一次以後，再行撤退也。」〔註117〕

此時正逢國軍從海南島撤退，若再從舟山群島撤離，必定嚴重打擊國軍士氣。29 日，蔣中正再與柯克討論，仍顯得相當猶豫，自記：「余意共匪究竟有俄製噴氣式飛機否，及海南撤回兵力究能有多少，數量未明以前，不能有所決定也。」〔註118〕同日返臺時，對巡視定海一行頗有感觸：「巡視定海感想無窮，關於今後戰略之要旨與全局之成敗，不能不作最後之基本打算也。」〔註119〕

但隔日，蔣終於決心放棄舟山群島，以保全臺灣本島。自記：

> 據空軍對上海匪機偵察照相報告，確悉俄製噴氣式飛機排列在其機場上，乃得證實無疑，乃決心放棄舟山群島，集中全力在臺澎，以確保國家微弱之命根。惟未知撤退任務能否實現，如匪於五月中旬以前不對舟山進攻，則幾矣。〔註120〕

三、將領們的反對

蔣中正放棄舟山群島的決定，卻引起了眾將領們的反對，主戰與主撤派

〔註116〕秦孝儀總編纂，《蔣公大事長編初稿》，卷九，頁 115；呂芳上主編，《蔣中正先生年譜長編》，第九冊，頁 483，1950 年 4 月 25 日條。

〔註117〕秦孝儀總編纂，《蔣公大事長編初稿》，卷九，頁 117；呂芳上主編，《蔣中正先生年譜長編》，第九冊，頁 484，1950 年 4 月 27 日條。

〔註118〕秦孝儀總編纂，《蔣公大事長編初稿》，卷九，頁 118；呂芳上主編，《蔣中正先生年譜長編》，第九冊，頁 485，1950 年 4 月 29 日條。

〔註119〕秦孝儀總編纂，《蔣公大事長編初稿》，卷九，頁 118；呂芳上主編，《蔣中正先生年譜長編》，第九冊，頁 485，1950 年 4 月 29 日條。

〔註120〕秦孝儀總編纂，《蔣公大事長編初稿》，卷九，頁 118～119；呂芳上主編，《蔣中正先生年譜長編》，第九冊，頁 486，1950 年 4 月 30 日條。

各執一詞，最後才由蔣中正力排眾議，決心撤出舟山。1950 年 4 月 30 日，其召見周至柔、陳誠，商討舟山撤防方針：「明告其要旨，與其連戰連勝之後，至終無力補充或無法接濟，仍不能不撤時，則不如主動撤退，以固最後基地為得計，令其切實研究後呈報候核。」〔註 121〕

5 月 1 日再與周至柔商討舟山撤退一事，記曰：「彼以撤退為難，並以俄國噴氣機僅限於防衛上海，而不取攻勢為言。余甚為不然也。」〔註 122〕可知蔣並不認同，蓋：「俄製噴氣式機既在上海發現，而且已有照相為憑，故決心放棄定海」，「將其十二萬餘之兵力集中臺灣，勿使為俄共所各個消滅，以確保此唯一基地，此誠收合餘燼、背城借一之時」，何況「現在守臺兵力不足，若能將定海兵力移防臺灣，則只可說方能稱數，較有把握而已」。惟「撤退計畫恐遭俄匪來攻，以致進退維谷，即不能達成目的，為惟一顧慮」，「此如能保守秘密，勿為洩漏，則本月十六日以前如能實施撤完，當可無慮」。但「高級將領，尤其國防部主管幹部，幾乎全部反對，無一人為之贊成。余以為此舉實為臺灣成敗，國家存亡，最後之一著，非毅然決心，如期實施不可也。」〔註 123〕

由此可知，蔣中正已下定決心要放棄舟山群島，以保全臺灣本島。5 月 3 日與柯克、陳誠、周至柔，就定海守與不守問題，辯論達三小時之久，尚未決定，記：「除柯克外，皆與余意旨相反，多不主張放棄也。乃令再加詳討，暫不斷行。」〔註 124〕陳誠會後追記：「綜合總統主張撤退之理由，因蘇聯助匪空軍，致：（一）舟山陷於死島。（二）臺灣兵力不夠。」〔註 125〕

7 日，蔣再召見陳誠、周至柔、代理國防部長郭寄嶠、總統府戰略顧問林蔚等研討定海撤守問題，彼等仍持反對意見，蔣頗感不耐：「彼等仍作迷霧不正之理由，竭力反對，殊為可歎。我軍四年來之失敗，就是得到今日結果，

〔註 121〕秦孝儀總編纂，《蔣公大事長編初稿》，卷九，頁 119；呂芳上主編，《蔣中正先生年譜長編》，第九冊，頁 486，1950 年 4 月 30 日條。

〔註 122〕秦孝儀總編纂，《蔣公大事長編初稿》，卷九，頁 119～120，1950 年 5 月 1 日條。

〔註 123〕秦孝儀總編纂，《蔣公大事長編初稿》，卷九，頁 119～120；呂芳上主編，《蔣中正先生年譜長編》，第九冊，頁 491，1950 年 5 月 6 日條。

〔註 124〕秦孝儀總編纂，《蔣公大事長編初稿》，卷九，頁 131；呂芳上主編，《蔣中正先生年譜長編》，第九冊，頁 488，1950 年 5 月 3 日條。

〔註 125〕葉惠芬校編，《陳誠先生日記（二）》，臺北：國史館，2015 年 7 月第一版，頁 761。

而若輩之思想腦筋毫無反省澈悟之意也。」〔註126〕可看出蔣中正對諸位將領感到相當不滿。陳誠則在會議之前，即與王世杰、行政院秘書長黃少谷先行討論，一致主張不撤退；下午的會議，則所有參加人員均不贊成撤退。會議結束後，眾人再度商討，仍是決定不撤退。〔註127〕由國防部第三廳呈蔣中正之「確保舟山理由書」中，或可看出反對撤出舟山的原因：

（一）匪空軍優勢問題：撤退舟山之基本因素，為匪空軍之優勢，因匪空軍居於優勢，我空軍將被驅逐，海軍無法活動，陸軍臨於孤立，結果招致失敗。匪空軍經蘇聯之援助，日益長成，固屬事實；但此並非真正蘇聯空軍，故其優勢程度之判斷，亦不可視作蘇聯空軍之全力。故其予我守軍打擊之程度，亦不可過分估計之。一般想像，以為匪空軍優勢，我海軍即不能活動，我島嶼守軍即臨孤立，一切補給立刻斷絕，但事實上並非如此，桃花、金塘之匪，在我空軍優勢、海軍控制之下，其固守亦如故，補給亦如故，可想而知矣。

（二）政略關係：海南撤退人心惶惑，如再不戰而撤舟山，大陸人民對我盡失信心，國際方面亦將認為我毫無抗俄反共之決心與信念。蓋苦撐待變，為今日一致要求撤退舟山，即等於縮短苦撐時間，遑論待變。

（三）戰略關係：保有舟山，可以遮斷匪軍南下，此為匪能否進攻臺灣之決定因素。若舟山放棄，則匪可集中全力，於三個月內逕攻臺灣，使我立足未穩，措手不及。

（四）撤退後果敵前撤退，困難萬端，縱能撤出三分之一乃至二分之一：但不戰而遭受無代價之犧牲，不如應戰而予匪以打擊；至於士氣之損失，更不可道里計。匪如不攻舟山，即能進攻臺灣，我撤退舟山尚有考慮價值；反之，則舟山陸軍必須以舟山為戰場方能顯其功用；若撤至臺灣，不但功用盡失，且在損失重大與士氣頹喪之於臺灣舟山兩無裨益。舟山若撤守，匪空軍由福建各機場起飛，空襲臺灣易如反掌，將不勝其擾矣。在此種情況下，我臺灣陸軍雖因

〔註126〕秦孝儀總編纂，《蔣公大事長編初稿》，卷九，頁135；呂芳上主編，《蔣中正先生年譜長編》，第九冊，頁488～489，1950年5月7日條。

〔註127〕葉惠芬校編，《陳誠先生日記（二）》，臺北：國史館，2015年7月第一版，頁763。

撤退舟山而加強，但匪之陸軍及作戰資材，尤其渡海工具，可不受

損失，全套移攻臺灣。彼時匪軍各種力量將比我更強也。〔註 128〕

從這份報告中，可看出是針對蔣中正所持之撤退理由提出反論，如蔣所提中
共空軍得蘇聯幫助問題，以此並非眞正蘇聯空軍，故其優勢程度之判斷，亦
不可視作蘇聯空軍之全力作爲反駁；另也強調棄守舟山，不僅無法保臺灣，
勢將帶給臺灣更大的威脅。

5 月 8 日，蔣中正決心獨排眾議，強硬的指示周至柔準備舟山撤退行動，
自記：「屬其應在軍事職責上建議，對定海撤退，在軍事上著眼應否如此；至
於政治民心士氣等因素，則由余負責，彼可不必顧慮也。」〔註 129〕周至柔也
向陳誠表達無奈之意：「總統今早約見，表示舟山撤退是渠之權，著周（至柔）
即行準備」，周至柔極爲難，以至「表示請撤銷國防部。」同日，蔣經國、黃
少谷、王世杰等人都來找陳誠，一致表示舟山萬不可撤，決定眾人一起向蔣
中正諫言，蔣經國更表態：「此時吾國生死存亡最大之舉。」〔註 130〕

9 日，蔣中正召開軍事會議，仍不接受眾人之反對意見，自記：「彼等皆
無辭以答，而辭修則仍以撤退增臺部隊能否有用，與防務有否利益爲言，只
可說其心理病態不可救藥而已。」又：「陳、周對定海撤退決策極端反對，勸
余重新考慮。若輩腦筋不清至此，深歎亡國之無法挽救，感痛萬分，乃命其
召集軍事會議，公開檢討。」〔註 131〕陳誠對此卻感歎：「余以爲一切不應撤之
理由已說完，如必須撤退，請周總長及有關人員研究補救辦法，因年〔來〕
軍事之失敗，均以不問情況，違背原則而決定行動。余不動補救，深以爲愧。」
〔註 132〕

會議後，陳誠、周至柔、石覺、聯勤總司令黃鎮球等人，就定海撤退問
題再作研商。蔣中正自記：「再三問陳，對定海計畫究竟如何，彼終沉默，不

〔註 128〕「國防部第三廳呈蔣中正確保舟山理由書」（1950 年 5 月 5 日），〈金馬及邊
　　　　區作戰（二）〉，《蔣中正總統文物》，國史館藏，典藏號：002-080102-00101-005。

〔註 129〕秦孝儀總編纂，《蔣公大事長編初稿》，卷九，頁 135；呂芳上主編，《蔣中正
　　　　先生年譜長編》，第九冊，頁 489，1950 年 5 月 8 日條。

〔註 130〕葉惠芬校編，《陳誠先生日記（二）》，臺北：國史館，2015 年 7 月第一版，
　　　　頁 763～764。

〔註 131〕秦孝儀總編纂，《蔣公大事長編初稿》，卷九，頁 136；呂芳上主編，《蔣中正
　　　　先生年譜長編》，第九冊，頁 492～493，1950 年 5 月 9 日條。

〔註 132〕葉惠芬校編，《陳誠先生日記（二）》，臺北：國史館，2015 年 7 月第一版，
　　　　頁 764。

肯作是與否明確之答覆。最後只說運船已經預備，再無他言一語。」〔註133〕
陳誠則無奈地表示：「余答既已決定行動，又何必講？」並在其日記留下：「一
意專行，危險可怕」，顯露對蔣中正此次獨斷行為的不滿。〔註134〕蔣則對陳誠
之表現深不以為然，謂：「中心苦痛盡極，軍人最要為決心，無論是與非，皆
應有明確答案，而其滯疑不決之神態，不僅非對上官與國家之道，抑且失去
將領之品格矣。」〔註135〕隔日，陳誠與郭寄嶠談話，郭寄嶠對接獲撤退任務
感到為難，並轉達石覺之言：「今後什麼都不要做，此次如此欺騙民眾，也不
能再做。」〔註136〕可見陳誠眾人對蔣中正獨斷的撤退指示之無奈，雖然十分
反對撤離舟山，卻也只能消極地接受了。

四、撤出舟山

　　雖經眾人反對，蔣中正仍決心從舟山撤軍，自記：

> 定海撤退方針，經過幹部全體之反對，乃駁斥其昏迷無理之原由，
> 毅然決行。求之於心，泰然自得。余以為此乃一大事，自信其保衛
> 臺灣，反攻大陸，整個國家之能否轉危為安，皆在此一舉，能不依
> 理斷行乎？萬一將來因此而失敗，亦所心安，而況決無失敗，只有
> 勝利者乎。〔註137〕

1950年5月10日，召見石覺，令其執行舟山撤退計畫。石覺以無辭以對定海
軍民為難，蔣告以此次撤退乃不得已，奉命而行即可。復召集高級將領宣布
撤軍決定，並指示撤退注意要點，自記：「詳示撤退其應注意要務，除保守秘
密以外，全在陸海空軍協同一致，尤以海空軍能積極出擊，與盡力搜炸佯攻，
以達成其掩護任務，則撤退計畫必可如計完成也。」〔註138〕11日正式開始執

〔註133〕秦孝儀總編纂，《蔣公大事長編初稿》，卷九，頁 136～137，1950 年 5 月 9
　　　　日條。
〔註134〕葉惠芬校編，《陳誠先生日記（二）》，臺北：國史館，2015 年 7 月第一版，
　　　　頁 764。
〔註135〕劉維開，〈防衛舟山與舟山撤退〉，收錄於呂紹理、唐啟華、沈志華主編，《冷
　　　　戰與臺海危機》（臺北市：政大歷史系，2010 年初版），頁 48。
〔註136〕葉惠芬校編，《陳誠先生日記（二）》，臺北：國史館，2015 年 7 月第一版，
　　　　頁 765。
〔註137〕秦孝儀總編纂，《蔣公大事長編初稿》，卷九，頁 137～138；呂芳上主編，《蔣
　　　　中正先生年譜長編》，第九冊，頁 495，1950 年 5 月 13 日條。
〔註138〕秦孝儀總編纂，《蔣公大事長編初稿》，卷九，頁 137～138，1950 年 5 月 10
　　　　日條。

行撤退計畫，且爲防止中共發現，將撤退計畫佯裝爲「美援及日本賠償物資運輸計畫」〔註 139〕

　　蔣中正此次撤離舟山的計畫，可說是完全聽信柯克一人之建議。柯克也在此時飛往舟山群島探查狀況，並向蔣中正呈上關於舟山撤退計畫的建議：（一）若余指揮該區共軍，余必盡所能妨礙國軍登船，特別是以空軍攻擊船隻。當然共軍需要相當時間準備任何侵占之攻擊，但空襲可能在短期內發動。（二）必須有一富有經驗之海軍軍官，具有充足職權，在當地立即以最優方式對付，並求最少損失，故余強調各軍艦商船須同受一海軍將官指揮，此海軍將官則受石覺司令指揮。〔註 140〕

　　蔣中正馬上採納柯克建議，致函給石覺、郭寄嶠：「此時防備匪機突然來定轟炸我運輸船艦，比防範其陸軍渡海來攻本島更爲重要，故應從速籌備，以防萬一」；「關於運艦遇有各種情況發生時，必須有一海軍高級將領，具有充分權力，在當地得以立即處置緊急事故，以免重大損失」。「故余意到定海之軍艦商船，必須指定馬副總司令〔即馬紀壯〕統一指揮，而馬副總司令則須受石司令官之指揮，必須建立如此指揮之系統，方不致臨時倉皇，以免紛亂」，〔註 141〕可看出蔣中正所下達的指示，係由柯克所建議，可見兩人之信任關係。

　　蔣中正亦開始思考舟山撤退後之宣傳要旨，12 日晚召見國民黨中央委員會第四組主任陶希聖告以發出中共進攻臺灣消息，且不必發舟山戰報。13 日《香港時報》發表共軍將攻臺消息，《中央日報》亦發社論，評論此事。〔註 142〕蔣並手擬宣傳要旨，將此次撤退行動定調爲保衛臺灣與集中兵力之戰略手段：

> 復職後對軍事計畫，第一步必須集中全力，確保臺灣，鞏固此惟一
> 反攻之基地，故必須放棄海南與定海各島，方能加強臺防，以免備
> 多力分，重蹈過去之覆轍，處處防守，處處反易爲敵匪各個擊破。

〔註 143〕

〔註 139〕陳存恭、張力訪問，張力紀錄，《石覺先生訪問紀錄》臺北：中研院近史所，1986 年，頁 374。

〔註 140〕「柯克呈蔣中正對舟山撤退乘船計劃」（1950 年 5 月 10 日），〈金馬及邊區作戰（二）〉，《蔣中正總統文物》，國史館藏，典藏號：002-080102-00101-006。

〔註 141〕秦孝儀總編纂，《蔣公大事長編初稿》，卷九，頁 138～139；呂芳上主編，《蔣中正先生年譜長編》，第九冊，頁 495～496，1950 年 5 月 11 日條。

〔註 142〕陶晉生編，《陶希聖日記（上）》（臺北：聯經出版社，2014 年初版），頁 336。

〔註 143〕呂芳上主編，《蔣中正先生年譜長編》，第九冊，頁 494，1950 年 5 月 13 日條。

舟山撤退行動並未受到太大阻礙，除了 14、15 日曾因濃霧耽擱之外，〔註144〕
皆順利進行，十五萬國軍及大量物資均安全轉運至臺灣，撤退過程中，雖有
發生部隊擅自抓伕等混亂情形，〔註145〕但未曾遭遇襲擊。〔註146〕16 日，撤
退行動順利成功，蔣中正終於放下心中大石，記曰：

> 昨日定海氣候突然好轉，各運艦已如數聯絡到達，撤退計畫可如計進
> 行，不過延誤一日時間而已，但此心終不敢安定，可知余修養不足，
> 遇有艱險，仍不能做到不愧、不怍、不憂、不懼之程度耳。〔註147〕

舟山撤退行動究竟是否正確？蔣中正以蘇聯提供中共俄製噴射機，舟山空軍
優勢已失爲由下令撤退。然而，蘇聯的空軍，其實是中共爲因應國軍對於上
海與周邊地區的轟炸行動，向蘇聯商請空軍協助，蘇聯派遣防空部隊在上海、
徐州等地執行空防任務，並於 3 到 5 月間先後擊落襲擊上海地區的國軍飛機。
〔註148〕從這點來看，蘇聯空軍僅只是替中共「防禦」，並未有協助中共進攻舟
山的意圖，這批防空部隊於 10 月調回蘇聯，其裝備經協商，轉賣給中共空軍
接續使用。〔註149〕由此可知，蔣中正認爲「中共已有蘇聯提供的噴射機」的
判斷雖無問題，但蘇聯空軍會協助中共進攻舟山的想法，則有待商榷。

　　以中共的進攻計劃來看，毛澤東曾在 1950 年 5 月 10 日詢問第三野戰軍
副司令員栗裕：「你們計畫何時舉行舟山群島作戰，準備工作如何，盼告。」
〔註150〕栗裕也馬上回報，表示陸軍各部已陸續準備完畢，六月中即可出發。

〔註144〕秦孝儀總編纂，《蔣公大事長編初稿》，卷九，頁 140～141，1950 年 5 月 14、
　　　　15 日條；「郭寄嶠呈蔣中正舟山撤退情形」（1950 年 5 月 14 日），〈金馬及邊
　　　　區作戰（二）〉，《蔣中正總統文物》，國史館藏，典藏號：002-080102-00101-009。
〔註145〕陳玲，《舟山撤退機密檔案：六十年前的一頁滄桑》（臺北：時英出版社，2010
　　　　年 8 月初版），頁 97～99。
〔註146〕秦孝儀總編纂，《蔣公大事長編初稿》，卷九，頁 142，1950 年 5 月 16 日條；
　　　　「郭寄嶠、石覺呈蔣中正舟山撤退執行情形」（1950 年 5 月 13 日），〈金馬及
　　　　邊區作戰（二）〉，《蔣中正總統文物》，國史館藏，典藏號：
　　　　002-080102-00101-007；「王叔銘呈蔣中正舟山群島部隊乘船撤退情形」（1950
　　　　年 5 月 16 日），〈金馬及邊區作戰（二）〉，《蔣中正總統文物》，國史館藏，典
　　　　藏號：002-080102-00101-008。
〔註147〕呂芳上主編，《蔣中正先生年譜長編》，第九冊，頁 496，1950 年 5 月 16 日條。
〔註148〕劉統，〈1950 年中蘇聯合上海防空保衛戰〉，華東師範大學當代史研究中心
　　　　編，《中國當代史研究》（北京：九州出版社，2011 年 8 月初版），頁 169～173。
〔註149〕劉維開，〈防衛舟山與舟山撤退〉，收錄於呂紹理、唐啓華、沈志華主編，《冷
　　　　戰與臺海危機》，頁 49～50。
〔註150〕「毛澤東關於詢問舟山戰役發起時間致栗裕電」（1950 年 5 月 10 日），《解放

但海、空軍設備尚嫌不足，須等待蘇聯的武器與裝備送達，最遲可能至 7 月才準備完畢。〔註151〕由此可知，中共的確預計在 6 月中至 7 月間發動總攻擊，與蔣中正所得的情報吻合。如此看來，蔣中正先行從舟山群島撤離，的確有效將傷害降到最低，避免重演在海南島急忙撤離的慘況。時任中共第三野戰軍參謀長的張震，在其回憶錄中也對於國軍棄守舟山的行動，稱：「應當說，蔣介石做了一個不失為明智的決定。」〔註152〕

由於連失海南、舟山兩個重要據點，蔣中正為安撫民心，也防中共先發表佔領舟山消息，我方將處於被動不利之地位，於是在國軍安全撤離後，對全國發表談話，將舟山與海南的撤退定調為主動撤離，並宣示國家的目標為：「第一步要集中一切兵力，第二步鞏固臺灣及其衛星島嶼，第三步反攻整個大陸來拯救全國同胞，第四步復興中華民國，建設三民主義獨立自由的新中國。」〔註153〕雖說蔣中正如此喊話，欲重振全國人民信心，但連失兩個重要據點，確實已嚴重打擊了全國軍民士氣，已面臨退無可退的窘境。

第三節　韓戰前蔣中正與美國之互動

為協助二戰後各盟國的重建，美國於 1948 年通過援外法案（Foreign Assistance Act），3 月 1 日，美國總統向國會提出援華案，〔註154〕4 月，正式通過援華法案（The China Aid Act）。〔註155〕然而，1948 年下半年，中華民國在國共內戰中形勢逐漸惡化，美國開始縮減對華援助的部分。〔註156〕

同年 8 月，美國發表對華白皮書（The China White Paper），似已決心「袖

戰爭戰略追擊・華東地區》（北京：解放軍出版社，1998 年），頁 457。

〔註151〕「粟裕關於舟山作戰發起時間等問題致毛澤東電」（1950 年 5 月 10 日），《解放戰爭戰略追擊・華東地區》（北京：解放軍出版社，1998 年），頁 458。

〔註152〕張震，《張震回憶錄（下）》（北京：中國人民解放軍出版社，2003 年 11 月初版），頁 405。

〔註153〕〈為撤退舟山、海南國軍告大陸同胞書〉，《總統蔣公思想言論總集》卷 32，書告，頁 263～265。

〔註154〕葉惠芬編，《蔣中正總統檔案：事略稿本 73——民國三十七年二月（下）至三月》（臺北：國史館）2013 年，頁 153～156，1948 年 3 月 1 日條。

〔註155〕葉惠芬編，《蔣中正總統檔案：事略稿本 74——民國三十七年四月至五月》（臺北：國史館）2013 年，頁 20～21，1948 年 4 月 2 日條。

〔註156〕周琇環，〈美國的經援與軍援〉，收入呂芳上主編，《戰後初期的臺灣（1945～1960s）》（臺北市：國史館，2015 年 10 月，初版），頁 289～290；資中筠，《追根溯源：戰後美國對華政策的源起與發展，1945～1950》，頁 143～160。

手旁觀」。為扭轉這項局面，著名的「中國幫」（China bloc）成員，共和黨的參議員諾蘭要求從原來的援華法案軍事部分中撥出 1 億 7,500 萬給予非共產黨中國作為軍事援助，但遭到否決。〔註 157〕

8 月 14 日，顧維鈞受命向美政府遞交軍、經援助計畫，要求美國交付上年度的餘款作為應急之用。〔註 158〕國務卿艾奇遜（Dean Gooderham Acheson）於 11 月 3 日透過美國駐臺北領事館代辦師樞安（Robert C. Strong）遞交備忘錄，聲明美國政府並無使用軍事力量防衛臺灣之意向，惟對大陸之混亂延及臺灣，表示關懷。美國將在現行立法規定範圍內，繼續予臺灣經濟援助，至於任何其他新援助，則將視中國當局是否採取有效行動而定。〔註 159〕蔣中正對於這項回應相當不滿，指示顧維鈞再向美國政府遞出要求保衛臺灣的備忘錄，顧維鈞請益前第七艦隊指揮官白吉爾（Oscar C. Badger II）之意見後，於 12 月 23 日向美政府提出正式請求保衛臺灣方案。〔註 160〕

一、援華法案之延長

備忘錄遞交後，美國政壇對於援華與否展開爭論。1950 年 1 月 4 日，在華盛頓擔任國際復興開發銀行副執行董事俞國華電告蔣中正報告美國相關政情。指出美國國防委員會已在上周討論，關於 1949 年 12 月 23 日由我方所提出之請求，即美國提供可能援助，協助建設臺灣作為反攻大陸的主要基地的備忘錄。討論過程中則以反對給予援助的國務院意見較占優勢；另昨日美國

〔註 157〕顧維鈞著、中國社會科學院近代史研究所譯，《顧維鈞回憶錄》，第七分冊（北京：中華書局，1988 年初版），頁 337；資中筠，《追根溯源：戰後美國對華政策的源起與發展，1945～1950》（上海：上海人民出版社，2000 年 10 月初版），頁 310～313。

〔註 158〕這項指令來自於廣州政府，蔣中正則是指示顧維鈞此時不宜要求美援，顧維鈞則決定兩者同時進行。參見：顧維鈞著、中國社會科學院近代史研究所譯，《顧維鈞回憶錄》，第七分冊，頁 335～336；「蔣中正自臺北致電顧維鈞」（1949 年 8 月 9 日），〈革命文獻——美政府發表中美關係白皮書經過〉，《蔣中正總統文物》，國史館藏，典藏號：002-020400-00047-026。

〔註 159〕「美國駐臺總領事師樞安呈蔣中正備忘錄」（1949 年 11 月 3 日），〈革命文獻——蔣總統引退與後方布置（二）〉，《蔣中正總統文物》，國史館藏，典藏號：002-020400-00029-103。

〔註 160〕顧維鈞著、中國社會科學院近代史研究所譯，《顧維鈞回憶錄》，第七分冊，頁 536～542；「顧維鈞自華盛頓致蔣中正電」（1949 年 11 月 14 日），〈對美關係（一）〉，《蔣中正總統文物》，國史館藏，典藏號：002-090103-00002-199。

國會開議，主張援華者因備忘錄未予發表，多不知其內容，導致各方發言時有無的放矢情形；國務院起初隱瞞我方提出援助案，經諾蘭質問，才承認我方曾提出過要求，但以其中無詳細數字作爲藉口。但其實顧維鈞曾當面詢問遠東助理國務卿白德華（Walton Butterworth），是否應列入數字，彼謂不必，可見其無誠意等。〔註161〕

1950年1月5日，杜魯門發表宣言，聲稱：「美國在此時無意在臺灣獲取特殊權益或建立軍事基地，美國亦無利用其武力干涉中國目前局勢之意向，美國不願採取任何足以引起捲入中國內戰漩渦之途徑。循是美國政府對於在臺之中國軍隊，將亦不擬予以軍事援助，或提供軍事諮詢。」〔註162〕意即美國不會在臺灣建立軍事基地，也無意利用武裝部隊干預。美國不會介入中國內戰，也不會提供軍事援助或意見給在臺灣的中國部隊，但會持續經濟援助。

這項宣言引起了美國政壇對於是否援華一事的激烈攻防。參議院立即進行了五小時的辯論，諾蘭率先批評不予臺灣軍事援助是錯誤的；要求由麥克阿瑟作爲美國遠東政策的協調人，並呼籲國會撥給7500萬美元裝運軍火給臺灣，而將援華法案下未動用基金的1億600萬美元用於經濟援助。〔註163〕

杜魯門聲明隔日，英國隨即承認中共政權，蔣中正自記：「英國作此對我最後之一擊，其忘信背義，無異於俄國之侵華，至少是其助俄爲虐之咎，不能逃避耳。」〔註164〕面對遭到英、美兩國在外交上的重擊，蔣中正苦思如何恢復美國對中華民國的援助，欲爭取美國延長援華法案，並爭取恢復軍事援助部分。此時，柯克來到臺灣，助蔣與美國親華政治家及麥克阿瑟聯繫，冀望再度爭取到美國對中華民國的支持。

然而，美國政府當局都對臺灣抱持著悲觀態度。艾奇遜在杜魯門發表宣言的前一日，與諾蘭會談，表示美國對臺灣有兩種選擇：一爲透過戰爭保有臺灣，一爲接受在臺灣的中華民國政府即將失敗的事實。〔註165〕1月12日，

〔註161〕「俞國華自華盛頓致蔣中正」（1950年1月4日），〈革命文獻——對美外交：一般交涉（二）〉，《蔣中正總統文物》，國史館藏，典藏號：002-020400-00043-091。

〔註162〕秦孝儀總編纂，《蔣公大事長編初稿》，卷九，頁9～10，1950年1月5日條。

〔註163〕Tang Tsou, *America's Failure in China, 1941~1950* (Chicago: The University of Chicago Press,1963), pp.532~534.

〔註164〕秦孝儀總編纂，《蔣公大事長編初稿》，卷九，頁10～11，1950年1月6日條。

〔註165〕*Memorandum of Conversation by the Secretary of State*, January 5, 1950. Foreign Relations of the United States. East Asia and the Pacific, 1950, Volume VI

艾奇遜發表著名的「劃線演講」，表示保住美國在西太平洋區安全利益代價最低的方法是守住亞洲大陸外海的島鏈防線，北起阿留申群島，經日本、琉球，南下到菲律賓群島；惟臺灣與南韓並未在此防線中，明顯是作了第二項的選擇。〔註166〕因此，美國中央情報局判斷1950年的6至12月間，中共即有能力攻佔臺灣；〔註167〕美國駐臺北領事館代辦師樞安也認為中共即將在下半年出兵，建議美國應做好撤僑與減少領事館人員的準備。〔註168〕

　　蔣中正面對美國援華爭論過程中，原先認為援華政策正在轉變之中，國防部與杜魯門皆擬積極援助臺灣，杜並正式聲明臺灣為中國之領土，而不料其年初竟為國務院所反對，且聲明不能軍援臺灣。對於艾奇遜此一行動，蔣仍不改其志：「又予我以重大之打擊，民心士氣頓時低落。此一二兩項雖於我國現局遭受莫大之壓迫，但余始終泰然不以為意，深信艾其遜之政策在最近期內如不改變，則其政治必失敗無疑。因美國援蔣守臺之趨勢，已成其全國人心一致之要求，而且成為美國國防之成敗關頭，焉能逆拒乎。」〔註169〕

　　面對美國援華爭論似乎倒向反對派，以及在臺美僑準備撤離，蔣難免顯露出一定程度的擔憂。9日又稱：「近日社會應受美國務院反對援華之影響，及其聲明，尤其臺灣動搖與不安之現象正在發展未已。又以美國駐臺領事密勸其僑民，謂臺灣恐遭空襲，不如準備回國之消息，更使社會動盪」，將其歸罪於國務院系統之國防部長馬歇爾（George Catlett Marshall, Jr.）、艾奇遜等人作梗：

> 此皆美共操縱其國務院，而其使領多受美共之指使，故使其各地使領館，凡可搖動我社會與政府之陰謀與行為，無所不用其極也。中華民國完全為美國馬、艾等所斷送矣。本日受社會之影響，時切憂患，其實政治、軍事、經濟並未有如此危險，徒以人心虛弱已極，

(Washington, D.C.: United States Government Printing Office, 1976), pp.260~264.

〔註166〕 *Department of State Bulletin*, January 23, 1950, pp.111~118.

〔註167〕 *Memorandum by the Assistant Secretary of State For Far Eastern Affairs (Rusk) to the Secretary of State,* April 17, 1950.Foreign Relations of the United States, East Asia and the Pacific, 1950, Volume VI, pp.260~264.

〔註168〕 *The Charge in China (Strong) to the Secretary of State*, May 17,1950. Foreign Relations of the United States, East Asia and the Pacific, 1950, Volume VI, pp.340~342.

〔註169〕 秦孝儀總編纂，《蔣公大事長編初稿》，卷九，頁9～10；呂芳上主編，《蔣中正先生年譜長編》，第九冊，頁429～430，1950年1月7日條。

多為庸人自擾而已。〔註170〕

接連 10 日、11 日，艾奇遜先後向參、眾兩院的外交委員會報告亞洲政策，蔣中正聽聞，便感失望：「本日為美國政府之畏強凌弱，及其國務院斷送中國於俄共之拙劣政策憂懼，而其所謂政治家一種毫無情義之言行，更為世界前途憂也。」〔註171〕12 日艾奇遜的「劃線演講」更讓反對援華言論達到高峰。次日俞國華向蔣電告美國輿情，指出美國會及輿論對臺灣問題激烈辯論，並指出近三日艾奇遜在國會皆被針對此事質問，12 日更發表「劃線演講」，但其中未引國防部及麥帥意見，此節當為爭論焦點；另杜魯門「對臺灣問題成見甚深。上下爭辯對下院，民主黨領袖麥柯米克及周以德表示中國問題已不可收拾，士氣鬥志非美軍十師不能防守臺灣。但派兵赴臺絕不可能」；並指出國務院諸多刁難，全為馬歇爾幕後操縱。〔註172〕

面對美國國務院的態度，蔣中正也開始思考臺灣自立自強之道，表示：「此時只可盡心保衛臺灣為自立自強之基點，首在社會經濟與軍費之解決；其次為社會民眾組訓與防空之準備；其三為海空軍用油之購備。至於美國之賣華與援華，則於革命之成敗實無關宏旨也。」〔註173〕並在手擬的〈中國存亡與東方民族之自由獨立之成敗問題〉中表達對於艾、馬的憤怒：

> 艾其生〔艾奇遜〕則為其祖國——英國，出賣美國，理有固然。不
> 料馬歇爾亦受其精神上傳統之統制，甚至不顧損傷其美國之利益及
> 其國防之安全，而助長英國制裁東方民族與放縱俄共併吞中華民國
> 之野心，雖其自命不凡，而其愚實不可及也。〔註174〕

儘管如此，但蔣中正並未放棄與美國政府合作的機會。16 日，美國無任所大使傑塞普（Philip C. Jessup）來到臺灣，與蔣中正會面，任務是到遠東地區尋找遏止亞洲共產主義的具體方案。1 月 5 日先至東京與麥克阿瑟會面，月中再來臺灣與蔣中正會面。〔註175〕蔣中正會前與張羣、王世杰商討方針，認為艾

〔註170〕秦孝儀總編纂，《蔣公大事長編初稿》，卷九，頁 12；呂芳上主編，《蔣中正先生年譜長編》，第九冊，頁 430～431，1950 年 1 月 9 日條。

〔註171〕秦孝儀總編纂，《蔣公大事長編初稿》，卷九，頁 14，1950 年 1 月 11 日條。

〔註172〕「俞國華自華盛頓致蔣中正」（1950 年 1 月 13 日），〈對美關係（五）〉，《蔣中正總統文物》，國史館藏，典藏號：002-090103-00006-222。

〔註173〕秦孝儀總編纂，《蔣公大事長編初稿》，卷九，頁 15；呂芳上主編，《蔣中正先生年譜長編》，第九冊，頁 433，1950 年 1 月 15 日條。

〔註174〕秦孝儀總編纂，《蔣公大事長編初稿》，卷九，頁 15～17，1950 年 1 月 15 日條。

〔註175〕Tang Tsou, *America's Failure in China, 1941~1950 Vol.II* (Chicago: The University

奇遜未調換以前絕無轉機，故決定冷淡應對，不在要求其援助，以免受辱。
但也透過傑塞普向杜魯門呼籲：「英國承認中共，意在使亞洲為下次世界大戰
之中心，假使美國與中國決心制止共產在遠東蔓延，此事為時尚非過晚。」〔註
176〕吳國楨也曾提及傑塞普來臺一事，認為傑塞普來臺是為現場調查臺灣狀
況，以強化國務院拋棄臺灣的論點。〔註177〕

　　先是1月6日，中共宣布將於一星期內，收回之前所有外國政府徵用的
營地與地產。美國則強硬警告中共，若強行徵收，美國會撤回所有官方人員。
中共不理，依然強收，美國便於14日撤回相關官員。〔註178〕這讓援華議題有
了更激烈的討論。共和黨藉機要求艾奇遜辭職，為已經破產的中國政策負責；
並大力反對當局的遠東政策，阻撓援韓法案通過，要求必須同時延長援華法
案。共和黨議員傑克森（Donald Jackson）甚至稱：「這是什麼樣的遠東政策，
要把援助給與美國國防無關的南韓，卻拒絕援助福爾摩沙的要求？」最終杜
魯門政府同意在援韓法案後面附加一項條款，將援華法案的期限延長至 1950
年6月30日。〔註179〕

　　不過對於這次攻防，顧維鈞曾電外交部報告反對援華者之觀點：（一）中
共已完全佔領大陸，人民並無反抗。（二）臺灣民眾痛恨當局，待時響應，故
臺灣人民不慮外患而慮內變。（三）美必須派兵赴臺方能保全此島，然此舉必
引美蘇戰爭。〔註180〕外交部也報告民主黨動態：「此間當局對參議院援華問題
之熱烈辯論，甚為重視。經授意該院民主黨領袖，於昨日邀該黨全體參議員
密議，一致擁護杜魯門總統及艾奇遜國務卿之放任臺灣政策。」〔註181〕另外
駐遠東委員中國代表李惟果也提及：「美國援華問題已成兩黨政爭焦點，彼此

of Chicago Press, 1963), p.536.

〔註176〕秦孝儀總編纂，《蔣公大事長編初稿》，卷九，頁 17～19；呂芳上主編，《蔣
　　　　中正先生年譜長編》，第九冊，頁 434，1950 年 1 月 13、16 日條。

〔註177〕Nathaniel Peffer & Martin Wilbur 訪問整理 吳修垣譯，《從上海市長到「臺灣
　　　　省主席」——吳國楨口述回憶》（上海：上海人民出版社，1999 年初版），頁
　　　　119。

〔註178〕Acting Secretary of State to the President, January 10, 1950. Foreign Relations of
　　　　the United States, East Asia and the Pacific, 1950, Volume VI, p.270.

〔註179〕Tang Tsou, America's Failure in China, 1941~1950, Vol.II, p.537.

〔註180〕「顧維鈞電外交部美國輿情」（1950 年 1 月 20 日），〈對美關係（五）〉，《蔣
　　　　中正總統文物》，國史館藏，典藏號：002-090103-00006-247。

〔註181〕「外交部電蔣中正美當局援華問題辯論」（1950 年 1 月 21 日），〈革命文獻
　　　　——蔣總統引退與後方布置（二）〉，《蔣中正總統文物》，國史館藏，典藏號：
　　　　002-020400-00029-158。

皆有欲罷不能之勢。必須稍待假以時日，使臺灣新生朝氣及中共附俄真相普遍映入美國人心形成輿論，始有用力之機會。」〔註182〕

蔣中正得知援韓法案被擋下後表示：「美國眾議院對援韓案僅一票之差，不能通過，此於艾其遜遠東政策致命打擊之開始也。」〔註183〕卻也對美國援華與否，感到相當憂心，18 日自記：「艾其遜譏剌余為一離棄大陸、逃避海島之難民而已。其用盡各種卑劣手段，期達其毀蔣賣華之目的。」〔註184〕27 日再稱：「近時國際環境險惡已極，國家前途更覺渺茫，四方道路皆已斷絕，美、俄、英各國政府皆以倒蔣扶共、滅亡中華民國為其不二政策也。」〔註185〕

共和黨以抵擋援韓法案，要求杜魯門政府暫時延長援華期限成功後，1 月 25 日，顧維鈞向蔣中正報告：「艾契遜〔即艾奇遜〕同意援華經援未動用款項延展 6 月 30 日，估計此款項中，約 2,800 萬美元可作援臺用。」〔註186〕延至 31 日，美參議院正式通過該案後，顧維鈞再向蔣中正報告法案通過消息，且將援韓法案改稱 1950 年援助遠東法案。〔註187〕

蔣中正聽聞美國同意延長援華期限，才稍微寬心，記曰：

> 美國務院因上週眾議院否決援韓提案後，似已漸覺其對華倒行逆施之政策，不能不重加考慮。故其援華未用之款，已允延期，不致停止。而其對我軍事援款，雖固執其杜魯門之宣言，但其中已於經援款中通用一部，不再認真管束矣。〔註188〕

2 月 9 日，美國國務院也正式宣布，將會繼續援助中華民國政府。〔註189〕俞國華報告諾蘭等人準備拉長戰線：「美經援案僅延期至本年六月底。羅蘭德等之意，係欲談在本屆國會援歐案，再爭取援華。成效如何，固無絕對把握，

〔註182〕〈李惟果自華盛頓電蔣中正〉（1950 年 1 月 17 日），〈對美關係（六）〉，《蔣中正總統文物》，國史館藏，典藏號：002-090103-00007-005。

〔註183〕呂芳上主編，《蔣中正先生年譜長編》，第九冊，頁 437，1950 年 1 月 21 日條。

〔註184〕秦孝儀總編纂，《蔣公大事長編初稿》，卷九，頁 20；呂芳上主編，《蔣中正先生年譜長編》，第九冊，頁 435，1950 年 1 月 18 日條。

〔註185〕秦孝儀總編纂，《蔣公大事長編初稿》，卷九，頁 29～30，1950 年 1 月 27 日條。

〔註186〕「顧維鈞自華盛頓致蔣中正電」（1950 年 1 月 25 日），〈革命文獻——對美外交：一般交（二）〉，《蔣中正總統文物》，國史館藏，典藏號：002-020400-00043-105。

〔註187〕「顧維鈞自華盛頓致蔣中正電」（1950 年 1 月 31 日），〈革命文獻——對美外交：財經部分〉，《蔣中正總統文物》，國史館藏，典藏號：002-020400-00045-121。

〔註188〕呂芳上主編，《蔣中正先生年譜長編》，第九冊，頁 440，1950 年 1 月 28 日條。

〔註189〕秦孝儀總編纂，《蔣公大事長編初稿》，卷九，頁 40，1950 年 2 月 9 日條。

但使中國問題不歸沉寂，至少可收宣傳之效」，〔註190〕有意藉援歐案，再度逼迫杜魯門政府延長援華期限。3月12日，此戰略似見成效「艾其生〔即艾奇遜〕七日請國會展延援華案至明年六月底以援助臺灣及東南亞地方用意似非在助我，而係藉此緩和國會空氣，以利援歐及援韓案之進行。」〔註191〕3月22日，終於正式通過延長援華法案至1951年6月，〔註192〕俞國華又告：「美上下兩院外委會昨通過多項外援案，包括延長援華案至明年六月底，據估計餘款達一億元，援華部分預料可通過國會及杜總統批准。」〔註193〕惟蔣中正對此並不滿意，自記曰：

> 美國將援華餘款一億餘圓分給東南亞諸國，而對中國延至明年六月
> 止，預備五千圓之數，是否實施需視其總統決定。而其對越南則決
> 定軍、經並援，此乃英、法運動之力，是期為助白種英、法之勢力，
> 而非有愛於我越南也。〔註194〕

援華法案的延長，至少代表著美國暫時仍給予中華民國經援，也讓蔣中正對於美國態度稍加放心。然而，除了經濟援助以外，仍需苦思如何爭取美國對臺灣的軍事援助。

二、柯克、麥克阿瑟與蔣中正

為了爭取美國軍援，蔣中正積極與支持中華民國的美國軍方人士保持聯繫。1950年1月31日，麥克阿瑟秘密派員來臺，蔣中正趁機請他們轉達：「共匪空軍必將由俄國組訓，其力量必超勝於我，若此事能由美國聯合參謀長為我設法解決，則保臺之其他軍事當無顧慮，必能固守也。」〔註195〕數天後，柯克秘密抵臺。中華民國駐日代表團長朱世明特電報告，柯克係以國際通訊

〔註190〕「俞國華自華盛頓致蔣中正」（1950年2月6日），〈革命文獻——蔣總統引退與後方布置（二）〉，《蔣中正總統文物》，國史館藏，典藏號：002-020400-00029-162。

〔註191〕「俞國華自華盛頓致蔣中正」（1950年3月12日），〈對美關係（六）〉，《蔣中正總統文物》，國史館藏，典藏號：002-090103-00007-017。

〔註192〕秦孝儀總編纂，《蔣公大事長編初稿》，卷九，頁81，1950年3月22日條。

〔註193〕「俞國華自華盛頓致蔣中正」（1950年3月25日），〈對美關係（六）〉，《蔣中正總統文物》，國史館藏，典藏號：002-090103-00007-020。

〔註194〕呂芳上主編，《蔣中正先生年譜長編》，第九冊，頁467，1950年3月25日條。

〔註195〕秦孝儀總編纂，《蔣公大事長編初稿》，卷九，頁34；呂芳上主編，《蔣中正先生年譜長編》，第九冊，頁441，1950年1月31日條。

社（INS）代表名義飛港抵臺，並請省主席吳國楨代爲預備行館等。〔註196〕

　　柯克來臺的任務，顯然不只是採訪新聞，蔣對之讚譽有加，「彼實爲中國之良友也」、「彼誠有道之軍人，爲謀忠誠甚於同志也。」〔註197〕並對可能引起美國不滿，相當謹慎，甚至致電顧維鈞，請即親訪艾奇遜，證實美國政府不反對中國政府邀請退伍與後備軍人之聲明，並請強調係以個人身分聘任，並非團體邀約；另並不希望顧問參與作戰，且亦無此需要。故彼等並無接受委任或被徵募之地位，而係以專家地位如醫生或工程師前來。因此對彼等僅在合作之情形下擔任工作。〔註198〕

　　柯克的到來，提供了不少幫助；其一是建立軍事裝備與物資的管道。由於美國中斷對中華民國的軍援，柯克對此擬定了一份「特種技術合作案」，由位在紐約的「中國國際商業公司」（Commerce International China）與中華民國政府合作，幫助添購軍事物資。〔註199〕中方由行政院物資供應局負責接洽，局長江杓即曾接獲總統府第二局局長俞濟時電告：「桂永清總司令稱美國際公司 JAMES A. GRAY 君願借款洽購軍艦七艘事，〔蔣〕諭請兄會同桂總司令速洽。」〔註200〕蔣中正也曾數次下令江杓，如「與美國際公司交換裝甲車器材一案凡美方未如約交付部分及現金希即交裝甲兵司令部逕行洽辦」〔註201〕以及指示可添購的輕、重機槍等。〔註202〕這項合作案，成功地爲國軍補充了包括價值 800 萬美元的飛機零件、300 箱空軍雷達設備、100 輛履帶式登陸車，以及 300 輛各式裝甲車與偵查車。甚至柯克還運用其人脈，取得兩萬三千發

〔註196〕「朱世明電外交部柯克來臺注意事項」（1950 年 2 月 10 日），〈對美國外交（七）〉，《蔣中正總統文物》，國史館藏，典藏號：002-080106-00029-011。

〔註197〕秦孝儀總編纂，《蔣公大事長編初稿》，卷九，頁 41，1950 年 2 月 11 日條。

〔註198〕「蔣中正自臺北致顧維鈞電」（1950 年 2 月 23 日），〈革命文獻──對美外交：一般交涉（二）〉，《蔣中正總統文物》，國史館藏，典藏號：002-020400-00043-116。

〔註199〕林孝庭，〈私人化的國家政策：蔣中正、查理柯克與 1949～1951 年間的臺美軍事與安全關係〉，收錄於《遷臺初期的蔣中正》，頁 436～437。

〔註200〕「俞濟時電陳質平轉江杓」（1950 年 3 月 21 日），〈領袖復行視事（一）〉，《蔣中正總統文物》，國史館藏，典藏號：002-090104-00001-324。

〔註201〕「蔣中正自臺北致江杓電」（1950 年 2 月 23 日），〈對美關係（六）〉，《蔣中正總統文物》，國史館藏，典藏號：002-090103-00007-080。

〔註202〕「蔣中正自臺北致江杓電」（1950 年 4 月 13 日），〈領袖復行視事（一）〉，《蔣中正總統文物》，國史館藏，典藏號：002-090104-00001-329；「蔣中正自臺北致江杓電」（1950 年 4 月 11 日），〈領袖復行視事（一）〉，《蔣中正總統文物》，國史館藏，典藏號：002-090104-00001-330。

各式炮彈與一些美軍剩餘的軍艦，爲當時急需補充物資的中華民國政府，提供了相當程度助益。〔註203〕

其二，是擔任蔣中正私人軍事顧問，柯克來臺後，其在軍事上的建議，蔣中正相當倚重及信賴，不僅重要的軍事會議，大多會邀請柯克與會，在海南島與舟山島的撤退過程中，也都是聽從柯克給予的建議而決定撤退。甚至舟山撤退，蔣中正獨斷地做出決定，也讓各將領相當不滿，曾自記：「至柔對柯克感想壞極，辭修亦然，幾乎不願握手，將領頑固自大如此，可歎。」〔註204〕

其三，也是最重要的，即是作爲蔣中正與麥克阿瑟的溝通橋樑。韓戰爆發前，柯克曾有三次去東京會見麥克阿瑟。第一次在1950年4月，攜帶蔣中正書函一封，轉交給麥克阿瑟。蔣中正自記：

> 第三國際諜探供詞，先攻臺灣，再逼美軍退出日本之策略，以及最
> 近菲共聲言奪取菲島與影響中共攻臺之聯合行動，是皆俄共對遠東
> 之整個計畫。情勢嚴重，希望麥帥能回美報告，使其議會與政府對
> 遠東政策能迅速改變，立取行動也。〔註205〕

5月24日，柯克與蔣中正商定與麥克阿瑟談話要旨後，便前往東京。〔註206〕此次前往是由於海南與舟山的撤退引起國際對於中華民國的悲觀看法，〔註207〕柯克向麥克阿瑟與盟總說明中華民國政府撤退海南與舟山棄守是蔣中正主動做出的決定，出於臺灣自身利益；並向麥克阿瑟遞上關於海南與舟山撤退的第一手消息。〔註208〕不久，麥克阿瑟便向美國參謀長聯席會議（以下稱聯席會議）提出一份關於保衛臺灣的備忘錄，指出：臺灣對共產黨的價值相當於一艘不沉的航空母艦和潛艇供應船，位置理想到可以協助蘇聯執行其戰略，又可牽制遠東司令部前線從中部與南部發動的攻勢。〔註209〕麥克阿瑟支

〔註203〕林孝庭，〈私人化的國家政策：蔣中正、查理柯克與1949～1951年間的臺美
　　　　軍事與安全關係〉，收錄於黃克武主編，《遷臺初期的蔣中正》，頁438～439。
〔註204〕秦孝儀總編纂，《蔣公大事長編初稿》，卷九，頁139；呂芳上主編，《蔣中正
　　　　先生年譜長編》，第九冊，頁493，1950年5月11日條。
〔註205〕秦孝儀總編纂，《蔣公大事長編初稿》，卷九，頁87～88，1950年4月7日條。
〔註206〕秦孝儀總編纂，《蔣公大事長編初稿》，卷九，頁161，1950年5月24日條。
〔註207〕「李惟果自華盛頓致蔣中正電」（1950年5月4日），〈國防情報及宣傳（四）〉，
　　　　《蔣中正總統文物》，國史館藏，典藏號：002-080106-00011-002。
〔註208〕林孝庭，〈私人化的國家政策：蔣中正、查理柯克與1949～1951年間的臺美
　　　　軍事與安全關係〉，收錄於黃克武主編，《遷臺初期的蔣中正》，頁453。
〔註209〕*Memorandum on Formosa by MacArthur*, June 14, 1950. Foreign Relations of the
　　　　United States, Korea, 1950, Volume VII (Washington, D.C.: United States

持保衛臺灣的備忘錄，對於韓戰爆發後，杜魯門立即宣布臺海中立化，有著一定程度的影響。

　　6 月中，柯克同樣帶著蔣中正的親筆函前往東京，此次正逢美國國務院外交顧問杜勒斯（John Foster Dulles）與聯席會議主席布萊德雷（Omar Bradley）訪問東京。蔣中正表達願意在情勢危機逼迫下，把臺灣的軍事大權交麥帥；並向布萊德雷表達希望派遣美國顧問來臺，並能給予積極的政策聲明。〔註 210〕蔣中正對於此次東京美國軍事首長會議的觀察：「東京之美國軍事首長會議，實爲其亞洲政策改變之主力，此不能不歸功於麥帥主張之正大與成功也。當韓戰未起之先，彼美對臺灣政策之惡劣，實不可想像」；「甚至陶拉斯〔即杜勒斯〕亦已同意其國務院之陰謀，其內容即依賴伊與俄國所密商之毒計：甲、俄共不侵占臺灣。乙、以臺灣改爲獨立國家，解散我政府而重組之。丙、由中共加入聯合國，取我政府代表而代之。」如果此一政策不能實現，而爲俄所反對，「則彼美另定兩種不同之方案：其一臺灣被俄共所占領，彼美完全放棄，不加過問。此則其太平洋國防之危險亦所不顧矣，更爲不可想像之事」，「其二則於俄共未開始攻臺以前，首先派海、空軍保衛臺灣。」

　　至於美國其內定方針，蔣揣測當不出二策：

　　　　甲、改臺灣爲獨立國，改組我政府，驅逐我聯合國代表，而以中共代之，此其仍望與俄妥協，以犧牲我中國也。乙、使我臺灣地位動搖，以打擊我政府之威聲，使臺灣人民起而叛變反抗政府，以求美國保衛，改爲美國之保護國，相機再與俄共進行妥協也。然而，乙案要我政府屈服而放棄臺灣，勢所不能，亦爲美立國精神所不容，故不得不出今日之一策耳。此策實爲其不得已臨時之決策，決非艾其生〔即艾奇遜〕所能甘心者。

然而，幸賴「麥帥及其陸海軍之大部主張，皆不贊成彼艾卑汙之外交政策之所爲」；「惟杜魯門並無一定之主張，難免他日不爲彼艾所動搖，故危險仍在也。」〔註 211〕

　　總結而言，1950 年甫撤退來臺的蔣中正，面對中共大舉進逼的壓力，先

Government Printing Office,1976), pp.161~165.

〔註 210〕林孝庭，〈私人化的國家政策：蔣中正、查理柯克與 1949～1951 年間的臺美軍事與安全關係〉，收錄於黃克武主編，《遷臺初期的蔣中正》，頁 455～456。

〔註 211〕呂芳上主編，《蔣中正先生年譜長編》，第九冊，頁 517，1950 年 6 月 30 日條。

是做出主動撤離海南島與舟山群島的決定，以集中兵力保衛臺澎地區。雖屬主動撤離，但連失兩個重要據點，蔣中正至韓戰爆發前，實已面臨退無可退的窘境。另一方面，杜魯門發表「放手」政策後，臺美關係一度十分悲觀。但蔣中正仍期待美國再次伸出援手。除了持續關注援華法案的發展之外，也找來柯克作為與麥克阿瑟及美國軍方溝通的橋樑，爭取對中華民國的支持。

　　所幸，美國在韓戰爆發前夕，對臺政策的確已逐漸對臺灣方面改觀。新上任的遠東事務助理國務卿魯斯克（Dean Rusk）提出較為積極的主張，認為美國應以海軍力量阻止中共入侵臺灣，然後再由聯合國託管，並提出所謂的「中立化臺灣」（Neutralize Formosa）概念，這想法對韓戰爆發後，杜魯門宣布臺海中立化有深刻的影響。〔註212〕

〔註212〕*Memorandum by the Deputy Special Assistant for Intelligence (Howe) to Mr. W. Park Armstrong, Special Assistant to the Secretary of State for Intelligence and Research*, May 31, 1950. Foreign Relations of the United States, East Asia and the Pacific, 1950, Volume VI, pp.347~351.

第三章 韓戰爆發國軍請纓
（1950 年 6 月～1951 年 4 月）

　　韓戰爆發讓中華民國政府有了喘息的機會；蔣中正也欲透過「派軍援韓」讓中華民國能站在反共陣線的一方。美國方面也分作支持與反對國軍參戰的兩派，以杜魯門、艾奇遜為首，堅決反對國軍參戰；英國也以盟友的身分，堅持反對立場。另一邊則以麥克阿瑟為首，認為國軍對於韓戰有其助益。總計韓戰期間，臺美共有三次「派軍援韓」的議題討論。本章將以韓戰爆發至麥帥來臺的第一次「派軍援韓」，與聯軍仁川登陸至麥帥解職的第二次「派軍援韓」議題為探討重心。討論援韓的原因與最終出兵未果之原因，以及蔣中正在這之中的應對與決策過程。

第一節　首次援韓參戰之議

一、韓戰爆發

　　1950 年 6 月 25 日，韓戰正式爆發，朝鮮民主主義人民共和國（以下簡稱北韓）軍隊在 25 日凌晨，全面發動，攻擊大韓民國（以下簡稱南韓），戰爭爆發不到 4 小時，北韓軍隊已突破南韓軍隊的防線，一路向南韓首都漢城前進。華盛頓也在 6 月 24 日深夜收到駐韓大使館的報告。25 日聯合國安理會通過 82 號決議：「鑒悉北朝鮮部隊對大韓民國施行武裝攻擊至深關切，斷定此種行動構成對和平之破壞；要求立即停止行動；促請北朝鮮當局將軍隊撤至

北緯三十八度。」〔註1〕27 日，聯合國安理會再度通過 83 號決議：「須採取緊急軍事措施，以恢復國際和平與安全，建議聯合國會員國給予大韓民國以擊退武裝攻擊及恢復該區內國際和平與安全所需之援助。」〔註2〕聯合國軍乃正式參與韓戰。

　　韓戰的爆發，讓甫撤退來臺的中華民國得以有喘息的空間。稍早海南島與舟山島陸續撤守，蔣不禁嘆道：「外侮匪禍國族淪亡至此，而黨政內部又複雜變故，如此環境險惡，不可復加矣，如無信心，眞已絕望矣。但余一息尚存，自信必能打破此無上之危境與死關，上天決不任余羞辱至終極也。」〔註3〕隨著韓戰的爆發，美國果然改變立場。27 日，杜魯門發表「臺海中立化」宣言，指稱：「對韓國的攻擊已毫無疑問地表明，共產黨集團已經不限於使用顛覆的手段來征服獨立國家，他們現在將會使用武裝侵略和戰爭的手段。這是違背聯合國安理會爲維護國際和平與安全所做的決議。」在這種情況下：

> 共產黨軍隊對臺灣的佔領，將直接威脅太平洋地區安全，以及在該地區執行合法與必要行動的美國軍隊。因此，我已經命令第七艦隊阻止對臺灣的任何攻擊。因此，我也要求在臺灣的中國政府停止一切對中國大陸的海空攻擊。第七艦隊將監督這項行動的執行。臺灣的未來地位必須等待太平洋安全恢復，與日本簽訂和平條約，或聯合國的考量之後行之。〔註4〕

這項宣言，讓風雨飄緲中的中華民國政府得以重整旗鼓，穩定住局勢。也讓蔣欲藉由韓戰的參與，穩定住政權，甚至思考反攻大陸的可能。

　　韓戰爆發之前，蔣中正已對朝鮮半島狀況有所掌握。1949 年 12 月，就曾擬定計畫，要在韓國境內黃海上的小島嶼，建立機密的軍事據點，以備日後作爲反攻華北的補給站。蔣中正也透過韓國國務總理李範奭，得知南北韓之

〔註1〕　八十二（1950）1950 年六月二十五日決議案[S/1501]，聯合國安全理事會議文件，收入於「聯合國網站」：http://www.un.org/zh/documents/view_doc.asp?symbol=S/RES/82(1950)。（2016/06/12 點閱）

〔註2〕　八十三（1950）1950 年六月二十七日決議案[S/1511]，聯合國安全理事會議文件，收入於「聯合國網站」：http://www.un.org/zh/documents/view_doc.asp?symbol=S/RES/82(1950)。（2016/06/12 點閱）

〔註3〕　呂芳上主編，《蔣中正先生年譜長編》，第九冊，頁 504，1950 年 6 月 2 日條。

〔註4〕　秦孝儀總編纂，《蔣公大事長編初稿》，卷九，頁 184；另原文可見：*Statement Issued by the President*, June 27, 1950, Foreign Relations of the United States, Korea, 1950, Volume VII, pp.202~203.

間情勢相當緊張，預料朝鮮半島終究要面臨一戰。南韓總統李承晚也有意願提供境內的海、空軍基地，以換取中華民國政府的支持。〔註5〕

　　中華民國駐韓大使邵毓麟，甚至曾給蔣中正建議，鑒於美國遠東政策過於消極，應積極策動南、北韓之間衝突，迫使美國改變遠東政策；並建議對中國東北與華北地區做敵後工作，及拉攏在韓華僑等策略。蔣中正對此頗感興趣，指示擬定對東北、華北敵後工作計畫，秘密招募旅韓各地東北、華北籍華僑人員，從事秘密宣傳情報工作。〔註6〕以致韓戰爆發之前，曾有傳言，「中韓業已秘密締結軍事互助協定，韓政府已允華方租借濟州島，作爲空軍基地，以爲轟炸華北、東北，甚至俄國濱海省之用。」〔註7〕蔣亦已考慮戰時援韓的可能：

> 美國駐韓軍事代表亟謀俄美速戰之意甚切，豈僅於此而已，深信英國謀之更急。斷定第三次世界大戰爲期不遠，預料今年夏季有爆發之可能。對於中、韓互助，借韓之濟州島爲我空軍基地，與我空軍助韓，如美不加阻礙，則可試行之；但後果如何，不能不慎重考慮，惟視大戰之是否爆發耳。〔註8〕

雖然中、韓兩國都對此作出澄清，但由此已知蔣中正在韓戰前夕，對南、北韓的狀況的確相當關切，甚至視之爲第三次世界大戰的前奏，而有所圖。所以 6 月 25 日，蔣中正得知戰爭爆發消息後，乃能不感意外，「我預料也。」〔註9〕隨即連絡李承晚致意：「據報所謂北韓人民政府，已大舉進攻貴方。此舉自係蘇聯陰謀之另一表現，貴我兩國反共產、反侵略立場相同，聞訊深表關切。貴國軍民當深明此義，在閣下賢明領導下，必能獲致最後勝利。」〔註10〕

　　當天，蔣即召見國民黨中央宣傳部副部長沈昌煥、國防部總政治部主任

〔註5〕　「邵毓麟呈蔣中正最近南北韓兵力與美蘇對韓態度等四點情況」（1949 年 12 月 20 日），〈對韓國外交（一）〉，《蔣中正總統文物》，國史館藏，典藏號：002-080106-00068-009。

〔註6〕　「邵毓麟呈蔣中正美蘇韓情勢與我對策」（1950 年 3 月 7 日），〈對韓國外交（一）〉，《蔣中正總統文物》，國史館藏，典藏號：002-080106-00068-013。

〔註7〕　邵毓麟，《使韓回憶錄》（臺北市：傳記文學出版社，1980 年，初版），頁 142。

〔註8〕　呂芳上主編，《蔣中正先生年譜長編》，第九冊，頁 449，1950 年 2 月 16 日條。

〔註9〕　秦孝儀總編纂，《蔣公大事長編初稿》，卷九，頁 180～181，1950 年 6 月 25 日條。

〔註10〕邵毓麟，《使韓回憶錄》，頁 152～153；秦孝儀總編纂，《蔣公大事長編初稿》，卷九，頁 181；呂芳上主編，《蔣中正先生年譜長編》，第九冊，頁 513，1950 年 6 月 25 日條。

蔣經國，設法援助南韓；並訓令中華民國駐聯合國代表蔣廷黻，全力支持美國，提出援助南韓案。未料美國不敢指稱蘇聯為幕後黑手，僅令兩方停戰。蔣又歎曰：「美國毫無道義與責任觀念，南韓如被俄共佔領，則其責全在美國也。亞洲民族完全為杜〔魯門〕、艾〔奇遜〕所斷送，悲慘極矣。」〔註11〕

南韓則向蔣回應，需要國軍派遣軍事技術人員，邵毓麟在 26 日報告：「因韓無戰鬥機 p51 型駕駛，且美不願參戰。故韓方望我相助，請速電示可否派駕駛赴韓，並夜間降落金浦機場。」蔣回電詢問戰事如何，並稱：「我空軍人員赴韓助戰事，望韓政府先徵求美國之同意」；另若韓方請求國軍派兵出戰，「當可允之。」〔註12〕接連數日，蔣中正對戰局高度關切，26 日「召集陳誠、周至柔等軍政首長與美籍顧問柯克，會商韓戰發生，應否提案向聯合國控訴蘇聯及出兵援韓等問題。」〔註13〕27 日「約宴非常委員會及黨內年長同志于右任、居正等，並商討對韓國被侵略之處理方針。」〔註14〕

28 日，得知「臺海中立化」聲明後，感到憤怒：「其對我臺灣主權地位無視，與使我海空軍不能對我大陸領土匪區進攻，視我一如殖民地之不若，痛辱盍極。」〔註15〕旋即會議商討應對方法：「以臺灣地位以及我反共抗俄與中國領土完整之立場，不能因任何情勢而動搖之意，為覆文之基點；并認此舉為一臨時緊急措施，故暫令我海空軍停止對大陸進攻。至根本辦法，必須雙方開始協商再定。」〔註16〕最後由外交部發表聲明，原則上接受美國之建議，已令海、空軍暫時停止攻擊行動；但也強調臺灣係中國領土之一部分，乃為各國所公認，美國政府在其備忘錄中，向中國所為之上項建議，當不影響開羅會議關於臺灣未來地位之決定，亦不影響中國對臺灣之主權。〔註17〕

〔註11〕 秦孝儀總編纂，《蔣公大事長編初稿》，卷九，頁 181；呂芳上主編，《蔣中正先生年譜長編》，第九冊，頁 513，1950 年 6 月 25 日條。

〔註12〕 「邵毓麟自漢城致蔣中正電」（1950 年 6 月 26 日），〈對韓國外交（二）〉，《蔣中正總統文物》，國史館藏，典藏號：002-080106-00069-002；邵毓麟，《使韓回憶錄》，頁 162～165。

〔註13〕 秦孝儀總編纂，《蔣公大事長編初稿》，卷九，頁 182，1950 年 6 月 26 日條。

〔註14〕 秦孝儀總編纂，《蔣公大事長編初稿》，卷九，頁 184，1950 年 6 月 27 日條。

〔註15〕 秦孝儀總編纂，《蔣公大事長編初稿》，卷九，頁 184～185；呂芳上主編，《蔣中正先生年譜長編》，第九冊，頁 515，1950 年 6 月 28 日條。

〔註16〕 秦孝儀總編纂，《蔣公大事長編初稿》，卷九，頁 185；呂芳上主編，《蔣中正先生年譜長編》，第九冊，頁 515～516，1950 年 6 月 28 日條。

〔註17〕 秦孝儀總編纂，《蔣公大事長編初稿》，卷九，頁 185～186，1950 年 6 月 28日條。

次日，艾奇遜宣稱美國艦隊防護臺灣，不涉及臺灣地位。〔註 18〕蔣大感不滿：「深鑒於美艾（奇遜）對華之毒狠與仇恨，非將臺灣淪陷共匪；或使臺民歸附美國，驅逐中國政府，則其心不甘。此一毀蔣賣華之政策，仍作其最後之掙扎。今日美國國防與軍事行動，其對韓、對臺與對太平洋政策已經根本改變至此，至其國務院對我之各種文告，仍故意加我極端之侮辱。」〔註 19〕

二、首度援韓之議

不過美國艦隊巡弋臺海，終使臺灣有了保障，蔣中正也開始思考下一步。6 月 29 日即研擬派軍援韓，「接聯合國通知我，以安理會決議，會員國協助南韓之電，乃決派三師陸軍往援也」；〔註 20〕並指示顧維鈞，將有意援助韓戰備忘錄送至美國國務院，「中華民國軍隊至願派遣陸軍赴南韓助戰，盼美國政府迅將對于此事之意見見示。」〔註 21〕當時計畫「擬派遣一支配備好的陸軍，由二十架 C-46 型運輸機運送，另有戰鬥機掩護；如果從海上運輸，則由海軍掩護。」〔註 22〕

對於派軍援韓，各將領都大表贊同，陸軍總司令孫立人更主動請纓，表示願意帶兵出征；也指出參戰之優點在於：「以示我國家雖在艱危中，仍不放棄維護世界和平之責任；再則爭取國家之光榮，藉以增高我在國際間之地位，並表現我捨己救人之固有美德。」〔註 23〕30 日，蔣中正再與參謀總長周至柔、副參謀總長郭寄嶠討論援韓部隊之編成要領，決定以劉廉一第 67 軍為主幹，再附以第 80 軍 201 師充實之。〔註 24〕

杜魯門聽聞蔣中正有意支援韓戰消息，原本傾向接受，但艾奇遜認為讓中華民國參戰，只會擴大戰端，徒使中共有加入韓戰的理由；且國軍現代化

〔註 18〕 *The Secretary of State to the United States Mission at the United Nations*, July, 1,1950, Foreign Relations of the United States. Korea, 1950, Volume VII, p.276.

〔註 19〕 呂芳上主編，《蔣中正先生年譜長編》，第九冊，頁 516，1950 年 6 月 29 日條。

〔註 20〕 秦孝儀總編纂，《蔣公大事長編初稿》，卷九，頁 186，1950 年 6 月 29 日條。

〔註 21〕 「顧維鈞自華盛頓致蔣中正電」（1950 年 7 月 1 日），〈對韓國外交（三）〉，《蔣中正總統文物》，國史館藏，典藏號：002-080106-00070-003。

〔註 22〕 顧維鈞著、中國社會科學院近代史研究所譯，《顧維鈞回憶錄》，第八分冊（北京：中華書局，1989 年初版），頁 17。

〔註 23〕 「孫立人呈蔣中正建議出兵援韓」（1950 年 6 月 29 日），〈對韓國外交（三）〉，《蔣中正總統文物》，國史館藏，典藏號：002-080106-00070-002。

〔註 24〕 秦孝儀總編纂，《蔣公大事長編初稿》，卷九，頁 186；呂芳上主編，《蔣中正先生年譜長編》，第九冊，頁 516，1950 年 6 月 30 日條。

裝備不足，即使投入韓戰也不會是精良的部隊，〔註25〕使其保衛臺灣，比派去參戰有用。〔註26〕最後杜魯門決議，先由麥帥出面了解臺灣狀況。〔註27〕7月 1 日，美國國務院在回函中，婉拒蔣的建議；並認爲若派兵赴韓以致減少臺灣防務兵力，其中利弊未可知。惟仍語帶保留，誘稱：「宜由麥帥總部代表，與臺灣中國軍事當局對臺灣防務計劃協商一切。」〔註28〕但其實，聯席會議在 6 月 30 日即指示麥帥，若蔣中正提及國軍參戰一事，則向其回覆，此事須由國務院決定。〔註29〕

　　蔣中正明白：「美國對我出兵援韓之覆文，申言已由麥帥派員來臺協商防務與決定援韓方針，其意仍不願我出兵援韓也」；〔註30〕認爲美國阻止其派兵，「其用意實在壓制我不許參加國際事業，而並非怕中共亦將藉口軍援北韓也。」不禁再度表達對美國國務院的不滿，「凡與我有益之機會，彼艾（奇遜）必全力阻礙，惟恐不及。此不僅爲其個人之地位與利害攸關，實亦共產國際在東方成敗之生死關頭，彼共認爲蔣如再出，則其末日已至，共無焦（噍）類，故其操縱國務院不得不作最後之掙扎。」〔註31〕

　　雖遭反對，蔣中正仍繼續研究規劃軍援韓戰。7 月 1 日，召見了 67 軍軍長劉廉一，面授統率援韓部隊及編組的要點：甲、「韓國戰局之推移，相持乎？速決乎？」即南韓於數日或一星期內爲韓共完全佔領，此因已無需顧慮美國陸軍之參戰；乙、中共先參加北韓作戰時，「美國態度自必大變，不僅要求我派兵增援南韓，而且對我大陸之海空軍攻勢亦必開放，不再阻礙乎」；丙、如果我軍實行援韓，則整個戰略與最大兵力，應預先決定，「至少要有十萬人以上爲預備隊也」；丁、軍事與政治之基本組織與制度及基本力量尚未完成，「如

〔註25〕 *Memorandum of Conversation, by the Ambassador at Large (Jessup)*, June 25, 1950, Foreign Relations of the United States, Korea, 1950, Volume VII, pp.157~161.

〔註26〕 Dean Gooderham Acheson 著、上海《國際問題資料》編輯組譯，《艾奇遜回憶錄（上）》（上海：上海譯文出版社，1978 年 4 月初版），頁 276。

〔註27〕 Harry S. Truman 著、李石譯，《杜魯門回憶錄，第二卷：考驗和希望的年代 1946～1953》（北京：生活、讀書、新知三聯書店，1974 年初版）頁 399～401；戴萬欽，《中國由一統到分割：美國杜魯門政府之對策》，頁 255。

〔註28〕 「顧維鈞自華盛頓致蔣中正電」（1950 年 7 月 1 日），〈對韓國外交（三）〉，《蔣中正總統文物》，國史館藏，典藏號：002-080106-00070-003。

〔註29〕 *The Joint Chiefs of Staff to the Commander in Chief, Far East (MacArthur)*, June 30, 1950. Foreign Relations of the United States, Korea, 1950, Volume VII, p.269.

〔註30〕 秦孝儀總編纂，《蔣公大事長編初稿》，卷九，頁 193，1950 年 7 月 3 日條。

〔註31〕 秦孝儀總編纂，《蔣公大事長編初稿》，卷九，頁 186～187；呂芳上主編，《蔣中正先生年譜長編》，第九冊，頁 518，1950 年 7 月 1 日條。

提早反攻大陸，甚不利乎」；戊、對美國交涉與要求其接濟方針，應速定等等。
〔註 32〕可以看出蔣認為參戰條件應在於韓戰能否持久；且中共參戰，美國應該就會主動要求我方加入，甚至也將是反攻大陸的契機；卻又對於國軍是否足夠同時應付派軍援韓與反攻大陸，有所顧慮。

由於國務院宣稱，派兵一事需與麥帥商討，蔣中正決議派員與麥帥洽談。7 月 2 日，蔣中正聽取柯克赴東京與麥克阿瑟的談話經過，自記：「其意我援韓軍隊在精而不在多，並欲我自帶戰車與大砲。至於我軍如何援韓，則彼尚須與國務院洽商後再行通告」；「彼等甚恐我國軍參加韓戰，則中共匪軍亦將公然援助北韓參戰也。」〔註 33〕

聽完柯克報告後，蔣中正認為麥帥有意使用國軍援韓。4 日，駐日代表團團長何世禮返臺，向蔣報告，麥帥對於國軍參戰，認為中華民國政府有此表示甚好，表現反共陣線一致；在臺灣情勢嚴重當中仍允出兵援韓，表示與美國充分合作。惟麥帥又謂：伊本人認為，目下暫不適宜。〔註 34〕何世禮也整理了麥克阿瑟所持的五大理由：

（一）臺灣為太平洋之樞紐，萬萬不能失。臺灣之重要，我實難以言語形容，我必以全力支持。

（二）我希望中華民國政府能早日返回大陸，所以要加緊訓練，不能稍有疏懈。

（三）臺方軍此時調派，需由美軍填防，故不如美軍直接往韓較為合理且經濟。

（四）據柯克告我，臺方重型兵器不足，又無款發餉，運輸能力也甚缺乏。現在韓國尚有步兵 7 萬 5 千人可用，所以失敗者亦由於缺乏重型兵器耳，假若赴韓參戰，又需加重美軍目前擔負，故暫難接受。

（五）我得先派第七艦隊司令官前赴臺北，商洽調整國軍，使能與美海、空軍合作，當另設法使用。〔註 35〕

〔註 32〕 秦孝儀總編纂，《蔣公大事長編初稿》，卷九，頁 187～188；呂芳上主編，《蔣中正先生年譜長編》，第九冊，頁 518～519，1950 年 7 月 1 日條。

〔註 33〕 秦孝儀總編纂，《蔣公大事長編初稿》，卷九，頁 188；呂芳上主編，《蔣中正先生年譜長編》，第九冊，頁 519，1950 年 7 月 2 日條條。

〔註 34〕 「何世禮報告蔣中正與麥克阿瑟談話內容」（1950 年 7 月 4 日），〈美政要來訪（五）〉，《蔣中正總統文物》，國史館藏，典藏號：002-080106-00056-002。

〔註 35〕 「何世禮報告蔣中正與麥克阿瑟談話內容」（1950 年 7 月 4 日），〈美政要來訪（五）〉，《蔣中正總統文物》，國史館藏，典藏號：002-080106-00056-002；「何

何世禮也補充自己的看法：（一）不願削弱臺灣兵力，以期屆時能確實固守。（二）如國軍於防守之外確有餘力，宜用以反攻大陸較為得計。（三）麥帥沒指揮過國軍，留在臺灣或反攻大陸，比支援韓戰更為適宜。〔註36〕蔣中正看完何世禮的報告後，批示了「無須援韓」。〔註37〕在對外宣傳方面也轉趨被動。王世杰電何世禮：「派兵援韓事，我政府曾同時通知聯合國及國務院，實際上無法在政策上絕對秘密，亦未必妥適。故我政府當時決定只不自行宣布，但不阻止其流傳。」〔註38〕蔣也囑咐何世禮：「因聯合國秘書處詢問我政府，原擬援韓方案內容，故將方案內容告知。但我政府並無意續向聯合國作任何提議之意。」〔註39〕6日再稱：「對於出兵援韓一事，既已向聯合國安全理事會切實申明，今後不再請求，並表示擬進行黨務改造。」〔註40〕

韓國方面，邵毓麟轉達，李承晚對蔣有意援韓表達感謝，但稱韓戰已由聯合國軍隊掌握，一切事務需由麥帥決定；又稱目前兵員充足，需要的是大砲飛機戰車等重武裝資源。若美軍或聯合國軍不願反攻北韓，屆時希望國軍能夠援助。〔註41〕在美國政府、麥克阿瑟與李承晚相繼婉拒中華民國政府派兵後，蔣中正也只能暫時擱置此議；但聽聞聯軍戰況不利，也曾抱怨：「甚恐美軍為俄共所算，地形與當地民情皆於美軍不利為念。但彼等並不以吾人之經驗與中韓關係為重，不屑余等協助；中國援韓之軍亦被其國務院所反對而拒絕，不知其在亞洲作戰何以為計矣」，〔註42〕對於援韓被拒一事，顯然仍感不滿。

世禮自東京致蔣中正電」（1950年7月4日），〈對美關係（六）〉，《蔣中正總統文物》，國史館藏，典藏號：002-090103-00007-030。

〔註36〕「何世禮報告蔣中正與麥克阿瑟談話內容」（1950年7月4日），〈美政要來訪（五）〉，《蔣中正總統文物》，國史館藏，典藏號：002-080106-00056-002。

〔註37〕「何世禮報告蔣中正與麥克阿瑟談話內容」（1950年7月4日），〈美政要來訪（五）〉，《蔣中正總統文物》，國史館藏，典藏號：002-080106-00056-002。

〔註38〕「王世杰自臺北致何世禮電」（1950年7月3日），〈我與聯合國〉，《蔣中正總統文物》，國史館藏，典藏號：002-090103-00001-248。

〔註39〕「王世杰自臺北致何世禮電」（1950年7月5日），〈我與聯合國〉《蔣中正總統文物》，國史館藏，典藏號：002-090103-00001-247。

〔註40〕秦孝儀總編纂，《蔣公大事長編初稿》，卷九，頁195，1950年7月6日條。

〔註41〕邵毓麟，《使韓回憶錄》，頁177。

〔註42〕呂芳上主編，《蔣中正先生年譜長編》，第九冊，頁523，1950年7月8日條。

三、麥帥來臺

　　派軍援韓雖遭麥帥婉拒，蔣仍盼麥帥來臺。7 月 4 日，聽聞麥帥有意來臺，〔註43〕次日即令王世杰回電何世禮，表示有意訪韓：「聞麥帥有來臺之意，至表歡迎；惟認為現時軍事形勢嚴重，不宜離日。總統本有意赴韓國與東京，會晤麥帥與李承晚總統。此意請與麥帥切商之，如麥帥認為另有其他適宜地點亦可也。」〔註44〕並自記：「麥帥正式通知其將來臺訪問，彼以為此次杜魯門之聲明，是余與彼第一次之大勝利，〔註45〕是彼在其本位一方面觀察，當然可以如此也」；所以「余接其通知，乃決定余先訪韓，轉日訪彼。以南韓戰局緊張，如彼離日來訪，心滋不安也。」〔註46〕

　　蔣並電囑何世禮，轉達李承晚：「貴國被侵，開戰以來，朝夕系念，尊體如何，務望珍重。中甚想飛訪貴國，與閣下面商一切，未知尊意如何？如獲同意，請示會晤地點為盼。」〔註47〕再令王世杰電何世禮：「總統訪問李總統，全為友義之慰問性質，或商討東亞之政治問題。至於軍事問題，則當與麥帥商決也」。囑如有人問及時，可以此意非正式表示；至總統行程，「或直飛東京，再轉南韓；或先直飛福岡轉韓後，再飛東京訪問麥帥如何為宜？」〔註48〕

　　麥帥訪臺，事涉敏感，雙方皆知。何世禮便稱「以事因最機密，不便以函達奉報」；「尤其華府某方〔國務院〕問題仍極嚴重，似暫不宜加重彼〔麥帥〕之困難，禮明日飛臺，面陳一切」〔註49〕，可見此事自始即瞞著華府進行。何並以「某君」稱呼麥帥，對蔣中正有意訪南韓、東京一事，則轉告麥帥參謀長魏培祿（Charles A. Willoughby）之語：「魏君謂在軍事方面，現正萬

〔註43〕「何世禮自東京致蔣中正電」（1950 年 7 月 4 日），〈對美關係（六）〉，《蔣中正總統文物》，國史館藏，典藏號：002-090103-00007-030。

〔註44〕「蔣中正自臺北致何世禮電」（1950 年 7 月 5 日），〈美政要來訪（五）〉，《蔣中正總統文物》，國史館藏，典藏號：002-080106-00056-001。

〔註45〕杜魯門之聲明意指 1950 年 6 月 27 日杜魯門發布之「臺海中立化」聲明。

〔註46〕秦孝儀總編纂，《蔣公大事長編初稿》，卷九，頁 194；呂芳上主編，《蔣中正先生年譜長編》，第九冊，頁 521，1950 年 7 月 5 日條。

〔註47〕秦孝儀總編纂，《蔣公大事長編初稿》，卷九，頁 194；呂芳上主編，《蔣中正先生年譜長編》，第九冊，頁 521，1950 年 7 月 5 日條。

〔註48〕秦孝儀總編纂，《蔣公大事長編初稿》，卷九，頁 194；「蔣中正自臺北致何世禮電」（1950 年 7 月 5 日），〈一般資料——民國三十九年（三）〉，《蔣中正總統文物》，國史館藏，典藏號：002-080200-00342-002。

〔註49〕「蔣中正自臺北致何世禮電」（1950 年 7 月 5 日），〈美政要來訪（五）〉，《蔣中正總統文物》，國史館藏，典藏號：002-080106-00056-001。

分緊急，某君徹夜忙碌，相見非其時。如逕赴韓，亦不易保護；況在政治方面經盡最大努力，方得目下結果，絕不宜又令某方。」〔註50〕

7月7日，蔣中正對於魏培祿直接否決訪韓提議稱：「此乃美國將領輕浮無常之習性，決非麥帥本人之心神，故聞此不足爲異。」〔註51〕同日，何世禮回臺，面告臨行麥帥表示誠摯之意，且未因第七艦隊司令來臺，而變更其訪臺之決心，蔣自記：「彼對余之信心，實爲美國唯一心交之知友也」；「召見世禮，面報麥帥精誠，及其對臺協助決心時之表露其與我之成敗與共之誠意，殊爲可感。」〔註52〕

14日，蔣中正指示何世禮，返日後與麥帥商談要旨。〔註53〕何稍後電告：麥帥訪臺日期尚未決定，因韓戰的狀況尚未穩定；對於防衛臺灣的問題，麥帥稱第七艦隊已擬有與我方協防計畫，「彼在外圍，我守內圍」，但仍需美國政府做最後決定。也要求指示顧維鈞，向美國政府「提出同樣請求，以達裏應外合。」〔註54〕28日，何世禮再發電，提醒迎接麥帥需注意事項：「麥帥此次來臺，再三切囑，勿有任何儀式及宴會」；並說明「一下機即與總統開會」，討論時「勿涉瑣事」、「勿以言之過份，見責爲幸。」〔註55〕蔣中正隨即回電：「密譯。轉麥帥勛鑒：閣駕即可蒞臺，會任盼慰，特此電致誠懇之歡迎。」〔註56〕

〔註50〕「蔣中正自臺北致何世禮電」（1950年7月5日），〈美政要來訪（五）〉，《蔣中正總統文物》，國史館藏，典藏號：002-080106-00056-001；魏君是指麥克阿瑟將軍之參謀長魏培祿將軍（Charles A. Willoughby）。參見董顯光著、曾虛白譯，《董顯光自傳：報人、外交家與傳道者的傳奇》，頁268。

〔註51〕呂芳上主編，《蔣中正先生年譜長編》，第九冊，頁521，1950年7月7日。

〔註52〕秦孝儀總編纂，《蔣公大事長編初稿》，卷九，頁195；呂芳上主編，《蔣中正先生年譜長編》，第九冊，頁521，1950年7月7日條。

〔註53〕秦孝儀總編纂，《蔣公大事長編初稿》，卷九，頁199，1950年7月14日。

〔註54〕「何世禮自東京致蔣中正電」（1950年7月15日），〈美政要來訪（五）〉，《蔣中正總統文物》，國史館藏，典藏號：002-080106-00056-003；「何世禮自東京致蔣中正電」（1950年7月16日），〈對美關係（一）〉，《蔣中正總統文物》，國史館藏，典藏號：002-090103-00002-217。

〔註55〕「何世禮呈蔣中正與麥克阿瑟商談要點」（1950年7月28日），〈美政要來訪（五）〉，《蔣中正總統文物》，國史館藏，典藏號：002-080106-00056-004；「何世禮自東京致王世杰電」（1950年7月28日），〈對美關係（六）〉，《蔣中正總統文物》，國史館藏，典藏號：002-090103-00007-064。

〔註56〕「何世禮呈蔣中正與麥克阿瑟商談要點」（1950年7月28日），〈美政要來訪（五）〉，《蔣中正總統文物》，國史館藏，典藏號：002-080106-00056-004。

31日，麥克阿瑟正式來臺訪問，蔣中正親迎，並稱：「在此軍事危急之際，麥帥竟撥冗訪臺，以敦友誼。而其扶弱抑暴之精神，實為美國軍事政治家惟一之雄才，其為羅斯福後之第一人乎。」〔註57〕兩人針對甲、對日和約；乙、對韓共作戰意見；丙、中美聯合參謀團，交換彼此意見。〔註58〕隔日再談臺灣與金門防衛問題。

麥帥離臺後，發表談話：「余之訪問臺灣，純為了解該地區的防衛能力。臺灣的現狀必須維持，臺灣及澎湖諸島絕不允許任何的軍事侵略。為了保障中華民國的權益，美國對中華民國政府做合理堅定和持續的支援」；〔註59〕另對於派軍援韓稱：「有關國軍派往韓國，支援聯合國作戰，由於臺灣處在戰爭邊緣，有削弱防衛力量的危險，未能有所決定。」〔註60〕

麥帥秘密訪臺一事，引起了英、美政府不滿。雖然麥帥強調此次訪臺，僅討論臺灣防衛的問題，但事前未告知，與過程中未讓駐臺北大使館參與等行為，讓艾奇遜感到相當氣憤。〔註61〕杜魯門為此，派出總統特別助理哈里曼（W. Averell Harriman），趕赴東京詢問，麥帥對此也解釋，此次訪問並無政治上的意圖，單純為協調軍事問題，目的是討論杜魯門對臺灣海峽的命令。〔註62〕

蔣中正認為此乃「美國對華政策至今仍不一致，因麥帥來訪，更引起反華毀蔣派國務院之嫉忌痛憤，竭力掙扎，以破壞麥帥為中心的國防部等之援蔣政策」；故哈里曼東來，「商談此一不協調之亞洲中心問題。初慮其破壞力量之大，恐其援蔣政策為之根本動搖；繼思其理其勢全在我方也，任此魔障作祟，亦無足憂懼也。」〔註63〕

至於英國亦大表不滿，蔣則稱：「麥帥訪臺之聲明文稿，引起其國務院反動派之不安與左派對其政府之離間，尤以英國之破壞恫嚇為甚。若葷寧使俄

〔註57〕秦孝儀總編纂，《蔣公大事長編初稿》，卷九，頁218；呂芳上主編，《蔣中正先生年譜長編》，第九冊，頁532，1950年7月31條。
〔註58〕秦孝儀總編纂，《蔣公大事長編初稿》，卷九，頁218，1950年7月31日條。
〔註59〕MacArthur著、張瓊譯，《麥克阿瑟回憶錄》（臺南：文國書局，1985年初版），頁214。
〔註60〕MacArthur著、張瓊譯，《麥克阿瑟回憶錄》，頁214。
〔註61〕*Tel.315, Sebald to Acheson*, August 3, 1950. Foreign Relations of the United States, East Asia and the Pacific, 1950, Volume VI, p.415; Dean Gooderham Acheson著、上海《國際問題資料》編輯組譯，《艾奇遜回憶錄（上）》，頁292。
〔註62〕*Johnson to MacArthur,* August 4, 1950. Foreign Relations of the United States, East Asia and the Pacific, 1950, Volume VI, p.423.
〔註63〕呂芳上主編，《蔣中正先生年譜長編》，第九冊，頁535，1950年8月8日條。

共獨佔亞洲，而決不願中國復興、蔣某再起，非達到其毀蔣亡華之目的，雖死亦不瞑目也」；〔註64〕「英國拚命破壞麥帥訪臺效果與美國援臺政策，一面對我威信之打擊無所不至，並謠造經國爲托派暗中助共之謠諑，力圖中傷。總使余不能再起，中國永不能復國而後已。此乃必有之階段，否則何以造成吾人奮鬥艱難之歷史也。」〔註65〕

8月10日，對於訪臺引起之風波，麥帥再度發表聲明，斥責外界惡意曲解的一切批評。蔣中正接閱麥帥聲明，自記：「可見其苦心與國務院反動派壓力之大，及其毀蔣亡華之陰謀毒狠有加無已，惟以此爲必然之勢耳」；〔註66〕聲明之內容，「以破除反動派與國務院之奸計陰謀，最後仍能保持其訪臺援華之原則，而未爲所動。」〔註67〕蔣並致電何世禮，詢問是否「要我政府證明其本日所發之聲明爲事實，以響應之。」〔註68〕惟麥帥主張變更杜魯門阻止國軍對大陸軍事行動之聲明，未爲杜所允准，蔣感嘆道：「可知來日艱難未已也。」〔註69〕

8月11日，何世禮向蔣電告麥帥似已說服哈里曼，並向蔣擬肯：「麥援我事，臺方切要注意發表任何言論，尤其涉及政治問題，免增加麥之困難。」〔註70〕次日，何再電告：「今晨已與盟總政治顧問研究，彼認爲我方提議甚善，但昨晚既經杜魯門總統發表完全信任麥帥，此時最好不再提及此事。」〔註71〕

麥帥訪臺風波看似順利落幕，但8月28日，麥帥致電國外戰爭軍人協會，內容對臺灣之軍事重要地位甚爲重視，指太平洋各島組成一自然防線，臺灣爲防線內主要據點之一，臺灣如淪入敵人之手，無異爲一不可擊沉之航空母

〔註64〕 呂芳上主編，《蔣中正先生年譜長編》，第九冊，頁537，1950年8月12日條。
〔註65〕 呂芳上主編，《蔣中正先生年譜長編》，第九冊，頁536，1950年8月9日條。
〔註66〕 秦孝儀總編纂，《蔣公大事長編初稿》，卷九，頁223～224，1950年8月10日條。
〔註67〕 呂芳上主編，《蔣中正先生年譜長編》，第九冊，頁537，1950年8月12日條。
〔註68〕 秦孝儀總編纂，《蔣公大事長編初稿》，卷九，頁224，1950年8月10日條。
〔註69〕 呂芳上主編，《蔣中正先生年譜長編》，第九冊，頁537，1950年8月12日條。
〔註70〕 「何世禮自東京致王世杰電」（1950年8月11日），〈對美關係（六）〉，《蔣中正總統文物》，國史館藏，典藏號：002-090103-00007-067。
〔註71〕 「何世禮自東京致王世杰電」（1950年8月12日），〈對美關係（六）〉，《蔣中正總統文物》，國史館藏，典藏號：002-090103-00007-068；另杜魯門於8月11日聽取完哈里曼與麥帥的會談報告後，對外宣稱在臺灣問題上與麥帥意見一致。參見：Harry S. Truman 著、李石譯，《杜魯門回憶錄，第二卷：考驗和希望的年代1946～1953》，頁415。

艦。〔註 72〕杜魯門大感不滿，下令麥帥收回此講稿，因內容與美國的立場衝突。〔註 73〕

　　蔣中正聽聞麥帥講稿與杜魯門反應後，稱：「麥帥對臺灣軍事地位重要之講稿，為白宮之阻止，未能發表，但美國軍民反共恨俄之心理與形勢已經造成，杜〔魯門〕、艾〔奇遜〕如不順從公意，彼將無法控置（制）軍政，故不患其援臺之態度有所變更，然而英國之陰謀與艾共之險惡，更將合以謀我也。」〔註 74〕並聽聞英國亦在聯合國反對麥帥講詞之公布，對於英國與美國政府對於麥帥援臺講詞的反應，蔣無奈感嘆道：「此乃英國美共與艾其生協以謀麥毀蔣之結果乎，然余不為動，以最近東方情勢與天理皆有所不容，三者其如余何耶。」〔註 75〕令蔣中正不禁為此形勢感到擔憂。

圖 3-1　麥帥訪臺與蔣中正合影

資料來源：秦孝儀主編，《先總統蔣公圖像墨跡集寶》（臺北市：近代中國出版社，1984
　　　　　年初版），頁 300。

〔註 72〕呂芳上主編，《蔣中正先生年譜長編》，第九冊，頁 541，1950 年 8 月 28 日條。
〔註 73〕Harry S. Truman 著、李石譯，《杜魯門回憶錄，第二卷：考驗和希望的年代 1946
　　　　～1953》，頁 417。
〔註 74〕呂芳上主編，《蔣中正先生年譜長編》，第九冊，頁 541～542，1950 年 8 月 28
　　　　日條。
〔註 75〕呂芳上主編，《蔣中正先生年譜長編》，第九冊，頁 542，1950 年 8 月 29 日條。

四、派軍援韓與金門撤防

　　韓戰爆發後，蔣中正曾考慮將金門撤防。論者認爲此舉是想將駐守金門部隊調回臺灣，才有派兵赴韓的餘裕。後因援韓提議遭拒，並與柯克及麥帥商談後，才取消從金門撤防的想法。〔註76〕然而，金門撤防與派兵援韓，兩者應無直接關聯。按：自蔣中正下令從海南、舟山撤退後，5 月間曾密集與金門防衛司令胡璉聯絡。11 日，決定定海撤退部隊，各於金門、澎湖分駐一個軍。〔註77〕

　　16 日，蔣致函胡璉：「今後戰略，決以全力固守金門、澎湖及臺灣本島，確保此反攻之基地，免蹈以往備多力分、被匪各個擊破之覆轍」；「撤退定海，即所以加強臺灣與金門之實力也。此一重大決心，與我戰略之轉變，實爲剿共戰事轉敗爲勝，中華民國轉危爲安最大之關鍵，望轉達全體將士爲要。」〔註78〕

　　胡璉也提出金門增加一師兵力防禦的要求：「臺灣兵力已十分雄厚，且遠隔重洋，一時不致遭受攻擊。而金門孤懸大陸邊緣，並爲大陸國軍最後之一個堡壘。我既必守，匪亦是在必攻」；並建議若要增援，則「七十五師爲最適宜。」〔註79〕

　　5 月 29 日，蔣再與柯克討論金門戰略地位，或許受其影響，乃再函胡璉，指其「精神鬆弛、態度輕驕爲慮，囑戒懼自檢，嚴督勤訓」；並稱近日正在研討金門增加兵力與今後作戰方法。〔註80〕31 日，柯克稱將親赴金門實地了解。〔註81〕6 月 3 日，蔣召集軍事會談，決定增強金門兵力。〔註82〕7 日，蔣再與柯克討論金門戰法，並記：「彼對胡璉之現在部署與工事皆甚不滿也，余擬親

〔註76〕林孝庭，〈私人化的國家政策：蔣中正、查理柯克與 1949～1951 年間的臺美軍事與安全關係〉，收錄於黃克武主編，《遷臺初期的蔣中正》，出版：國立中正紀念堂管理處，2011 年 11 月，頁 417～470。

〔註77〕秦孝儀總編纂，《蔣公大事長編初稿》，卷九，頁 138，1950 年 5 月 11 日條。

〔註78〕秦孝儀總編纂，《蔣公大事長編初稿》，卷九，頁 142～143；呂芳上主編，《蔣中正先生年譜長編》，第九冊，頁 497，1950 年 5 月 16 日條。

〔註79〕「胡璉自金門致蔣中正電」（1950 年 5 月 27 日），〈領袖復行視事（一）〉，《蔣中正總統文物》，國史館藏，典藏號：002-090104-00001-344。

〔註80〕秦孝儀總編纂，《蔣公大事長編初稿》，卷九，頁 165～166；呂芳上主編，《蔣中正先生年譜長編》，第九冊，頁 501，1950 年 5 月 29 日條。

〔註81〕秦孝儀總編纂，《蔣公大事長編初稿》，卷九，頁 169，1950 年 5 月 31 日條。

〔註82〕秦孝儀總編纂，《蔣公大事長編初稿》，卷九，頁 169，1950 年 6 月 3 日條。

赴視察。將領固執成見與修養不足及不學無術，殊堪憂焚。」〔註83〕16 日蔣
至澎湖視察，對官長訓話：「國軍自海南、舟山兩地的撤退，完全是基於戰略
上的需要，使戰線縮短，兵力集中，加強防衛臺、澎、金門的力量。」〔註84〕
22 日，本欲親往金門視察，因金門附近雲霧籠罩，飛機無法降落，折回臺北，
歎曰：「金門可謂與我太無緣矣，豈天父有意阻止，以免危險乎？」〔註85〕由
此可知，在韓戰爆發前，蔣中正對金門的想法仍為加強金門防禦。

　　迨韓戰爆發，杜魯門宣布「臺海中立化」後，金門等離島的地位，即變
得有些尷尬，日後臺美之間所謂「外島問題」，已然發生。國軍既接受美國協
防，並暫停一切海、空軍的活動；但各離島頻繁受到中共襲擊，卻為避免被
美國認為違反「臺海中立化」，僅能被動防禦。所以 7 月 2 日，外交部長葉公
超向顧維鈞電稱：「我軍事當局不得不進行抵抗，以防衛這些島嶼。軍事指揮
部切望採取海、空軍偵查活動。政府期望美國不致視此為違背停止對大陸採
取海、空軍軍事行動的規定。」〔註86〕

　　美國政府原則上認可離島防禦與偵察活動，但不得涉及武裝攻擊行為。
〔註87〕8 日，美國第七艦隊司令史樞波（Arthur Struble）抵臺，與蔣晤談，商
討金門撤退問題。〔註88〕葉公超另電顧維鈞，提及蔣、史會談結論三點：（一）
鑒于我們負有保衛大、小金門島之責，因此對共產黨的炮攻，隔海予以回擊，
理所當然，不能視作對中共採取軍事行動。（二）我們將繼續對臺灣沿海的中
外航運實行海上封鎖；但是對大陸沿海水域，我們的封鎖令，只限於掛我國
國旗或中共旗幟的船隻。（三）我國政府理解第七艦隊的保護範圍，僅限於臺
灣和澎湖列島。〔註89〕

　　可知臺美之間，對於外島問題，立場已然不協；蔣得知第七艦隊的保護

〔註83〕秦孝儀總編纂，《蔣公大事長編初稿》，卷九，頁 170，1950 年 6 月 7 日條。
〔註84〕秦孝儀總編纂，《蔣公大事長編初稿》，卷九，頁 174～175，1950 年 6 月 16
　　　　日條。
〔註85〕呂芳上主編，《蔣中正先生年譜長編》，第九冊，頁 512，1950 年 6 月 22 日條。
〔註86〕顧維鈞著、中國社會科學院近代史研究所譯，《顧維鈞回憶錄》，第八分冊，
　　　　頁 25。
〔註87〕美國國務院對於金門等離島的態度可見於：Foreign Relations of the United
　　　　States, East Asia and the Pacific, 1950, Volume VI, p.371, 391, 395, 404, 407.
〔註88〕秦孝儀總編纂，《蔣公大事長編初稿》，卷九，頁 196，1950 年 7 月 8 日條。
〔註89〕顧維鈞著、中國社會科學院近代史研究所譯，《顧維鈞回憶錄》，第八分冊，
　　　　頁 41。

範圍，未包含金門等離島，面對中共可能入侵的壓力，才考慮撤防。美方對此，亦是如此認知。〔註90〕接連數日，蔣中正與文武官員密切討論金門防禦問題，7月7日自記：「預料共軍必以美國第七艦隊爲恫嚇與宣傳，此不僅對中華民國無多大助益；且國軍必因美國之助，而懈怠防務，使共軍更有攻臺之意。」乃指示周至柔，考慮撤守金門，令其速作一切準備，加強臺灣本島之防務。〔註91〕

9日，與柯克討論金門問題，反而柯克「彼甚注重心理影響，以爲保守金門之兵力，如增防臺灣，則心理作用不如固守金門爲大也。」〔註92〕10日，與周至柔續商，蔣考慮：「史樞波昨來臺灣後，如我金門隨之撤退，則匪必以爲美國限制我軍範圍，不許我在大陸沿海立足，則匪勢更張矣，故暫不決定也。」〔註93〕12日又稱：「金門國軍決定撤退，但應商諸麥帥。」〔註94〕13日聽取周至柔報告各方之意見，自記：「皆以美國心理影響，暫主不撤，余仍以爲不然也。」〔註95〕其之想法：「金門防軍以勢以理，此時皆應撤退；但爲美國與麥帥關係，未得其同意，故國防部與顧問乃多躊躇不決。余意此時以保全實力爲主，始終主張速撤，此應爲最近重要之大事也。」〔註96〕

13日又接獲情報中共部隊開始集中福建，且福州機場跑道已拓寬一倍。葉公超通知美方稱：爲防禦臺灣與金門，國軍不得不轟炸大陸內地的機場，以及中共集結的部隊，希望美國予以贊同。〔註97〕但美方立刻警告，不准採取這項行動。〔註98〕對於美方的遙控，蔣中正頗感無奈：「不知要到幾時矣！

〔註90〕 顧維鈞著、中國社會科學院近代史研究所譯，《顧維鈞回憶錄》，第八分冊，頁41；*The Charge in China (Strong) to the Secretary of State,* June 29, 1950. Foreign Relations of the United States, Korea, 1950, Volume VII, p.226.

〔註91〕 呂芳上主編，《蔣中正先生年譜長編》，第九冊，頁522，1950年7月7日條。

〔註92〕 秦孝儀總編纂，《蔣公大事長編初稿》，卷九，頁196；呂芳上主編，《蔣中正先生年譜長編》，第九冊，頁522，1950年7月9日條。

〔註93〕 秦孝儀總編纂，《蔣公大事長編初稿》，卷九，頁197；呂芳上主編，《蔣中正先生年譜長編》，第九冊，頁524，1950年7月10日條。

〔註94〕 呂芳上主編，《蔣中正先生年譜長編》，第九冊，頁524，1950年7月12日條。

〔註95〕 呂芳上主編，《蔣中正先生年譜長編》，第九冊，頁524，1950年7月13日條。

〔註96〕 秦孝儀總編纂，《蔣公大事長編初稿》，卷九，頁198；呂芳上主編，《蔣中正先生年譜長編》，第九冊，頁525，1950年7月15日條。

〔註97〕 顧維鈞著、中國社會科學院近代史研究所譯，《顧維鈞回憶錄》，第八分冊，頁42。

〔註98〕 顧維鈞著、中國社會科學院近代史研究所譯，《顧維鈞回憶錄》，第八分冊，頁45；*Tel.60 Strong to Acheson,* July 14, 1950. Foreign Relations of the United

美國務院對我轟炸福州機場及扣留共匪船艦，皆不同意；如此只有坐待匪軍圍攻金門，烏乎可！」故決撤守金門，全力固防臺澎，「以待天下之變而已。美之喜怒好惡，只有聽之。」〔註99〕

18 日，國軍參謀本部召開會議，分為兩方面意見，一方面陳誠、王世杰及柯克主張暫緩撤離；另一方面蔣中正與周至柔認為應該撤離守軍。〔註100〕蔣並召見周至柔商討金門之準備程度；並與柯克商討，柯克認為金門保衛利多而害少，蔣仍以為不然：「金門問題不宜於此韓戰危急時，要求麥帥諒解，應先自我準備可也。」〔註101〕直至麥帥來臺，談及金門防禦問題，「至柔以我軍不能主動轟擊沿海機場、港口、敵匪集中之基地，處境危險，準備撤退之議」；麥帥稱：「我軍對大陸之活動，其美國不久當有明確之表示，其意將變更杜魯門六月二十七日之聲明，不限制我對大陸之攻擊也。」〔註102〕有了麥帥的擔保，蔣中正才打消從金門撤防的想法。不過稍後麥帥發表談話：「關於臺灣本島，包括澎湖在內，在目前情況下，不得遭受軍事進攻之政策，業經宣佈。是項決策之執行，即為余之責任與堅決之目的。」依然語不及外島。〔註103〕

總結而言，金門撤防的議題，與派軍援韓應無直接關聯。援韓的初步構想，至 7 月 4 日蔣中正已批示「無須援韓」。但對於金門，從原先仍打算加強防禦；反而韓戰爆發後，鑒於「臺海中立化」對國軍海、空軍的限制，以及中共持續對於離島的騷擾，甚至情報顯示，中共可能趁機襲擊金門與臺灣本島，蔣中正才有金門撤防的想法。以此推論，蔣更多的考量，在於防備中共趁機襲擊臺灣本島，而非調兵回臺藉以派軍援韓。撤金與援韓之間，應該沒有直接的關聯性。

States, East Asia and the Pacific, 1950, Volume VI, p.375.

〔註99〕 秦孝儀總編纂，《蔣公大事長編初稿》，卷九，頁 200；呂芳上主編，《蔣中正先生年譜長編》，第九冊，頁 526，1950 年 7 月 16 日條。

〔註100〕 林桶法，〈金門的撤守問題——以蔣日記與蔣檔為中心的探討〉，收錄於呂紹理、唐啓華、沈志華主編，《冷戰與臺海危機》，頁 74～75。

〔註101〕 呂芳上主編，《蔣中正先生年譜長編》，第九冊，頁 526，1950 年 7 月 18 日條。

〔註102〕 秦孝儀總編纂，《蔣公大事長編初稿》，卷九，頁 218；呂芳上主編，《蔣中正先生年譜長編》，第九冊，頁 533，1950 年 8 月 1 日條。

〔註103〕 秦孝儀總編纂，《蔣公大事長編初稿》，卷九，頁 219，1950 年 8 月 1 日條。

第二節　中共參戰與第二次援韓之議

一、聯軍反攻

　　1950 年 9 月，聯軍開始策畫反攻。11 日，美國總統杜魯門批准 NSC-81/1 文件，允許麥克阿瑟越過三十八度線與進攻北韓。〔註104〕15 日，聯軍發動仁川登陸作戰，〔註105〕15 日，聯軍發動「仁川登陸」作戰。〔註106〕25 日重奪漢城。27 日，聯席會議也下達指令給麥克阿瑟：「你的軍事目標，在摧毀北韓的武裝部隊。爲了達成此一目的，你被授權在卅八度線以北採取軍事行動。不論在任何情況下，你的地面部隊、空軍和海軍不得越過韓國邊界，進入中國東北和蘇聯邊境」，〔註107〕將戰場限制在朝鮮半島。

　　10 月 7 日，聯合國通過第三七六號決議案，重點爲：一、採取一切適當步驟，使朝鮮境內趨於穩定。二、在朝鮮主權範圍內，成立獨立統一及民主之政府。三、聯合國軍在達成上述目標後，不應留駐朝鮮境內。四、採取一切措施，以完成朝鮮經濟善後工作。五、成立朝鮮統一暨善後委員會，統籌以上所述的任務。〔註108〕這項決議，等同於授權聯軍，越過三十八度線。於是聯軍一路北進，19 日攻佔北韓首都平壤。

　　隨著韓戰白熱化，蔣中正密切注意情勢發展，並對於「派軍援韓」一事，始終未放棄希望，亦派員與麥帥詢問，是否需要部隊支援。麥帥對於動用國軍，雖然抱持積極態度，但決定權仍操之華府之手。

〔註104〕 *NSC 81/1, Report by the National Security Council to the President*, September 9, 1950. Foreign Relations of the United States, Korea, 1950, Volume VII, pp.712~721.

〔註105〕 *NSC 81/1, Report by the National Security Council to the President*, September 9, 1950. Foreign Relations of the United States, Korea, 1950, Volume VII, pp.712~721.

〔註106〕 關於仁川登陸作戰的細節可參照 John Tolland 著，孟慶龍，杜繼東，俞金堯等譯《韓戰——漫長的戰鬥（上）》（臺北市：麥田出版社，1999 年，初版），頁 209～229。

〔註107〕 *The Secretary of State to the Acting Secretary of State*, September 26, 1950. Foreign Relations of the United States. Korea, 1950, Volume VII, p.785; *The Commander in Chief, Far East (MacArthur) to the Joint Chiefs of Staff*, September 28, 1950. Foreign Relations of the United States, Korea, 1950, Volume VII, pp.796~797；MacArthur 著，張瓊譯，《麥克阿瑟回憶錄》，頁 225。

〔註108〕 聯合國大會第 376 號決議文件，A/RES/376（V），1950 年 10 月 7 日，https://documents-dds-ny.un.org/doc/RESOLUTION/GEN/NR0/058/52/IMG/NR005852.pdf?OpenElement。（2016/6/12 點閱）

　　先是 8 月 19 日，蔣令顧維鈞、何世禮與麥帥會談韓戰相關事宜，麥帥謂此次各國對韓軍事協助，均係向聯合國及華府洽商，非由東京接洽裁決。目前泰國、土耳其、菲律賓及澳、紐等出兵助戰，均已經聯合國接受；但如泰國軍隊，訓練、裝備、運輸需時，迨其到韓時，戰事恐已告竣云。顧維鈞詢問韓境戰事是否存其局部性，麥帥答：「今後韓戰事關鍵，在美軍反攻到達北緯三十八度線時，聯合國是否將主張，由聯合國以和平方法，謀得統一韓國之解決」，〔註 109〕似乎麥帥對於國軍參戰，仍留伏筆。

　　9 月 4 日，何世禮回報美國對中共態度似與先前不同，從原先認定不會參戰，現認為有參戰可能，並從杜魯門談及不願意有第三次世界大戰發生，如其他國不干涉韓戰即可避免等語，判斷其意乃為如中共參加韓戰，即不惜犧牲以從事第三次大戰。〔註 110〕9 月 11 日，蔣中正在演講中，首度提出「東亞反共同盟軍」的構想，由中日韓三國共同組織一支聯軍，由美國統帥指揮，認為東亞軍隊用在東亞戰場，比之歐美軍隊遠來作戰，至少可以以一當二。歐美軍隊在東亞戰場的效用，恐怕只能以二抵一，且「現在聯合國以這樣各國複雜的軍隊，來打北韓共匪，如要獲得徹底勝利，這個希望是很少，我認為這樣打法沒有解決戰鬥的可能。」〔註 111〕

　　9 月 16 日，聯軍仁川登陸後，蔣中正推論，中共可能因此參戰，「此為中共是否加入韓戰之決定關頭，以理與勢推斷，其必加入韓戰，蓋俄帝決不使美國在韓有決定勝利，速戰速決，而中共無自主可能也。」〔註 112〕蔣亦樂見中共參戰，稱：「中共雖未正式參加韓、越各戰，只以偽裝戰術援駐韓、越，豈能長此欺詐。其實只要如此，則中共以與美、法為敵，吾何憂耶。」〔註 113〕

　　28 日，聯軍收復漢城，蔣分電麥帥、韓國總統李承晚，祝賀勝利。〔註 114〕

〔註 109〕「顧維鈞自東京致蔣中正電」（1950 年 8 月 19 日），〈美政要來訪（五）〉，《蔣中正總統文物》，國史館藏，典藏號：002-080106-00056-005。

〔註 110〕「何世禮自東京致周至柔等電」（1950 年 9 月 4 日）〈對美關係（六）〉，《蔣中正總統文物》，國史館藏，典藏號：002-090103-00007-071；杜魯門於 9 月 1 日發表談話，向全國人民展現美國參戰的決心，與向共產勢力喊話，勿讓韓戰擴展成為大戰。參見：Harry S. Truman 著、李石譯，《杜魯門回憶錄，第二卷：考驗和希望的年代 1946～1953》，頁 420～421。

〔註 111〕〈對當前國際局勢應有的認識〉，《總統蔣公思想言論總集》卷二十三演講，頁 393。

〔註 112〕呂芳上主編，《蔣中正先生年譜長編》，第九冊，頁 553，1950 年 9 月 16 日條。

〔註 113〕呂芳上主編，《蔣中正先生年譜長編》，第九冊，頁 556，1950 年 9 月 22 日條。

〔註 114〕秦孝儀總編纂，《蔣公大事長編初稿》，卷九，頁 259，1950 年 9 月 28 日條。

10月4日，又得中共可能出兵北韓之情報：「今晨得中共由安東向平壤汽車運兵，長徑有百英哩之多，豈中共眞加入韓戰乎。此乃多行不義必自斃之必然之理也。」〔註115〕

5日，蔣中正指示何世禮與董顯光再與麥帥會談，麥帥指出「赴臺至今，世界政局已有極大變動」；對於中共攻擊臺灣問題，「共匪大約暫時放棄攻擊臺灣，而改用政治攻勢，先在聯合國驅逐我代表」；而美國對臺灣，則是「決不放棄，但用多少力量支持我政府，則難預料。」〔註116〕

至於國軍援韓問題，麥帥認爲「關於臺灣之報告經已送出，如能全數獲准，則臺灣隊伍當爲遠東之精良部隊。又以爲如此事由國防部爲主，則通過數量必較多，如國務院爲主則可較少。」〔註117〕

實則，麥帥判斷中共不會參戰。15日，麥帥與杜魯門會談聯軍作戰情形，認爲國務院通過它在國外的外交收聽站或中央情報局，都未曾報告北京政府以主力部隊介入韓戰的任何證據：「根據我個人的軍事估計，由於我們擁有所向無敵的空軍武力，可以摧毀鴨綠江兩岸敵人的基地與補給線。任何中共的指揮官，都不敢冒險向戰場瘡痍的朝鮮半島，投入大批部隊。」〔註118〕

蔣中正對於杜、麥兩人會談相當關注，「杜魯門親赴太平洋某地約晤，此一舉動於對俄是否刺激，應加注意。」〔註119〕顧維鈞電告會談相關臺灣傳聞，麥帥表示「美宜利用我國民政府實力，並予我軍實援助，俾牽制中共兵力，使不能橫行大陸、爲蘇聯作戰，遂其控亞陰謀。」杜魯門則「闡明政府對臺政策理由，謂避免遠東戰事擴大，不得不凍結臺灣，以待聯合國和平解決。」麥帥未爲所動，但亦未與辯論，「據此間局中人意，麥帥雖未能同意，仍抱己

〔註115〕秦孝儀總編纂，《蔣公大事長編初稿》，卷九，頁270，1950年10月4日條。

〔註116〕「何世禮呈蔣中正與董顯光晤見麥克阿瑟談話內容摘要」（1950年10月5日），〈美政要來訪（五）〉，《蔣中正總統文物》，國史館藏，典藏號：002-080106-00056-010。

〔註117〕〈何世禮呈蔣中正與董顯光晤見麥克阿瑟談話內容摘要〉（1950年10月5日），〈美政要來訪（五）〉，《蔣中正總統文物》，國史館藏，典藏號：002-080106-00056-010。

〔註118〕*Substance of Statements Made at Wake Island Conference,* October 15, 1950. Foreign Relations of the United States, Korea, 1950, Volume VII, pp.948~960；MacArthur 著，張瓊譯，《麥克阿瑟回憶錄》，頁228；Harry S. Truman 著、李石譯，《杜魯門回憶錄，第二卷：考驗和希望的年代1946～1953》，頁429～430。

〔註119〕「蔣中正日記」（未刊本），民國39年10月11日。

見；但如杜總統命令執行，麥以軍人向重紀律，勢必服從」〔註120〕蔣中正遂與王世杰研究，自記：「以杜所發表講演觀之，對於遠東及臺灣問題，仍不出余所預想者也」，〔註121〕「可知杜、麥會談，對我援助之消極與不願之心理如故，但其對保臺與中立化之方針亦仍不能變動乎？」〔註122〕

二、中共參戰

聯軍反攻，逐漸奪回先前北韓所佔領的土地，甚至越過三十八度線，攻佔北韓首都平壤。北韓緊急向蘇聯求救。10 月 1 日，蘇聯最高領導人史達林（Joseph Stalin）致電中共最高領導人毛澤東，要求派幾個師的軍隊援助北韓。〔註123〕3 日毛澤東以軍隊裝備問題，及恐引起國內人民不滿婉拒出兵。〔註124〕5 日史達林再度致電毛澤東說服出兵。〔註125〕

中共緊急召開政治局擴大會議，討論是否參戰事宜，起先與會者意見仍不一致，反對者傾向「不到萬不得已，最好不打這仗」，最終達成共識，決議支援北韓。〔註126〕7 日在莫斯科的壓力下，毛澤東回覆同意願意派兵。〔註127〕8 日毛澤東發布組成中國人民志願軍的命令。〔註128〕13 日召開政治局緊急會議，決議即使蘇聯暫時不能投入空軍至朝鮮戰場，也要立即出兵「抗美援朝」。19 日中共部隊越過鴨綠江，25 日開始與聯軍正面交戰。

〔註120〕「顧維鈞自華盛頓致蔣中正電」（1950 年 10 月 27 日），〈美政要來訪（五）〉，《蔣中正總統文物》，國史館藏，典藏號：002-080106-00056-011。

〔註121〕秦孝儀總編纂，《蔣公大事長編初稿》，卷九，頁 276，1950 年 10 月 18 日條。

〔註122〕呂芳上主編，《蔣中正先生年譜長編》，第九冊，頁 566，1950 年 10 月 21 日條。

〔註123〕沈志華主編，〈史達林關於建議中國派部隊援助朝鮮問題致羅申電〉，《朝鮮戰爭：俄國檔案館的解密文件》，中冊（臺北：中央研究院近代史研究所，2003 年初版），頁 571。

〔註124〕沈志華主編，〈羅申轉呈毛澤東關於中國暫不出兵的意見致史達林電〉，《朝鮮戰爭：俄國檔案館的解密文件》，中冊，頁 576。

〔註125〕沈志華主編，〈史達林關於中國出兵問題致毛澤東電〉，《朝鮮戰爭：俄國檔案館的解密文件》，中冊，頁 581。

〔註126〕陶文釗主編，《中美關係史（中卷）1949～1972》（上海：上海人民出版社，2004 年初版），頁 24。

〔註127〕沈志華主編，〈羅申關於毛澤東對出兵的態度問題致史達林電〉，《朝鮮戰爭：俄國檔案館的解密文件》，中冊，頁 588。

〔註128〕〈軍委主席毛澤東關於組成中國人民志願軍的命令〉，《建國以來重要文獻選編》，第一冊（北京：中央文獻出版社，1992 年，初版），頁 362～363。

10 月 29 日，蔣中正始知中共參戰，對美國隱瞞態度感到不滿，「惟美國總不敢公開明認共匪參戰，以期避免戰事之擴大延長，除非中共明白向美國參戰，彼美不得已而應戰也。」〔註129〕延至 11 月 1 日，又稱：「接韓國美軍已正式宣布中共匪軍參加韓戰，予以證實，此爲我國與世界前途最大之關鍵也」；「閱新聞，美軍在韓國前線明白宣告中共匪軍已參加韓戰，而麥帥聯合及其政府仍含混其詞，未敢正式宣布也。」〔註130〕

接連數日，蔣中正密切注意中共參戰後的發展。3 日從花蓮巡視完畢即刻回臺北，與陳誠等人會談韓國局勢可能之發展。〔註131〕聽聞美軍受到中共壓力，已開始退守，感嘆道：「此事實由馬歇爾、艾其生〔即艾奇遜〕縱容中共與毀蔣賣華，以爲於其美國本身無關之政策，所鑄成的後果。今則直接與（之）血戰，不知馬、艾將如何寫其歷史矣。」〔註132〕5 日又對於中共迫使人民「參軍」、「獻糧」，謂「共匪鼓吹援韓抗美，三日來已公開無忌矣。」〔註133〕6 日得知麥帥已正式宣布中共東北軍參戰，但卻「惟仍未指出中共字樣耳。」〔註134〕

11 月 7 日，蔣研擬中共參戰相關問題：「甲、美國未必用陸軍進攻我東北，而僅用海軍封鎖與空軍轟炸也。乙、美國如要求我派軍參加韓戰，則我對美應明詢其是否贊成我軍進入東北。丙、美國是否尊重我行政與主權。丁、美國是否再製造第三勢力。戊、美國是否誠意協助我政府對內政之統一與獨立。己、美國對華軍經援款，能否與援法之款數定一比例。」〔註135〕由此可看出，蔣中正在中共參戰後，對於派兵援韓，態度上相當樂觀，構想也已有不同，想把派兵援韓與反攻大陸結合。爲此，特別囑咐何世禮，與麥帥會談時，須強調：「如其重新要求我派軍援韓，仍照前議不變，但必須美國解除其阻我反攻大陸之宣言，此乃自然之理乎。」〔註136〕

11 日，蔣中正草擬柯克致麥帥函中須提數點，包括應向麥帥提出派兵援韓的請求，因應「目前共軍動員大量新軍力之情勢，重提我國本年六月間，

〔註129〕呂芳上主編，《蔣中正先生年譜長編》，第九冊，頁 570，1950 年 10 月 29 日條。
〔註130〕秦孝儀總編纂，《蔣公大事長編初稿》，卷九，頁 288，1950 年 11 月 1 日條。
〔註131〕秦孝儀總編纂，《蔣公大事長編初稿》，卷九，頁 288，1950 年 11 月 3 日條。
〔註132〕呂芳上主編，《蔣中正先生年譜長編》，第九冊，頁 574，1950 年 11 月 3 日條。
〔註133〕秦孝儀總編纂，《蔣公大事長編初稿》，卷九，頁 289，1950 年 11 月 5 日條。
〔註134〕秦孝儀總編纂，《蔣公大事長編初稿》，卷九，頁 290，1950 年 11 月 6 日條。
〔註135〕秦孝儀總編纂，《蔣公大事長編初稿》，卷九，頁 291，1950 年 11 月 7 日條。
〔註136〕秦孝儀總編纂，《蔣公大事長編初稿》，卷九，頁 292，1950 年 11 月 9 日條。

願以一個軍（三萬三千人）參加聯軍之諾言」；並應「指出共軍敢做此項軍事調度，係由於我自由中國在臺灣之武力被約束，而不能向大陸反擊之故」；強調「若我國能以裝備完善之軍力，組成機動部隊向大陸攻擊，與大陸我之游擊隊及反共民眾相呼應，則貢獻最大。而如此抵抗共產黨之侵略，並不會引起世盼〔界〕大戰」；表示「我國熱望參加抵禦共黨侵略之戰；並稱自由世界不能再拒絕任何大小擁護聯合國以抵禦共黨之力量。」〔註137〕顯見蔣中正參戰意圖之急切。

13 日，蔣中正接見《紐約時報》軍事記者鮑爾溫（Hanson W. Baldwin）時，明告其：「要制裁中共，只有中國國軍反攻方能收效；如美國真能信余，則不須美國有一陸軍用在東亞」；只要以現在用在韓國的美海、空軍協助剿共，「余敢獨力負責剿滅東亞共匪也，惜美國政府政策不敢出此耳。」〔註138〕為求國軍援韓之實現，而動作頻頻，同日也對大陸人民廣播，「要拒絕參軍，要拒絕獻糧」、「要反對開拔北上，反對出國打仗」、「反對俄國侵略韓國，反對朱毛為俄國打仗」；〔註139〕且自信：「余對電通社之答詞及告大陸軍民書發表後，如馬歇爾等果有一線人心，則其不能不有慚愧而感動乎？」〔註140〕

三、國際姑息情勢

中共參戰以來，韓戰的情勢詭譎多變。聯軍策畫反攻時，原本認定中共不會參戰，麥帥曾向杜魯門聲稱：中共的部隊不足以在朝鮮半島與聯軍對抗。〔註141〕不料聯軍竟受到中共強力反擊。英國為首的盟國，深怕擴大戰爭，呼籲美國暫時停緩軍事行動，試圖以外交斡旋手段解決。美國政府也認為應該先在聯合國內干涉中共的進攻，但又不至於迫使聯合國對中共進行軍事制裁，因為制裁代表戰爭擴大；並要先搞清楚中共的實力與參戰目的。〔註142〕

〔註137〕「柯克所擬函麥克阿瑟」（1950 年 11 月 11 日），〈美政要來訪（五）〉，《蔣中正總統文物》，國史館藏，典藏號：002-080106-00056-013。

〔註138〕秦孝儀總編纂，《蔣公大事長編初稿》，卷九，頁 293；呂芳上主編，《蔣中正先生年譜長編》，第九冊，頁 578，1950 年 11 月 13 日條。

〔註139〕〈告大陸軍民勿為俄匪打仗犧牲〉，《總統蔣公思想言論總集》卷三十二書告，頁 284～287。

〔註140〕秦孝儀總編纂，《蔣公大事長編初稿》，卷九，頁 297～298；呂芳上主編，《蔣中正先生年譜長編》，第九冊，頁 581，1950 年 11 月 16 日。

〔註141〕MacArthur 著，張瓊譯，《麥克阿瑟回憶錄》，頁 228。

〔註142〕Harry S. Truman 著、李石譯，《杜魯門回憶錄，第二卷：考驗和希望的年代》

11月8日，聯合國邀請中共代表出席。〔註143〕英國提出中、韓國境劃定一條緩衝地帶，並贊成蘇聯邀請中共出席安理會，為其參加韓戰辯護。對此，蔣中正記曰：「可知英、美懼戰怕共，希求結束韓戰之徼幸心理有加無已。中共本日對反美宣傳，亦於是緩和一下。俄共直以美、英為牛鼻，玩弄於掌上也。可恥可痛！」〔註144〕11日，中共外交部長周恩來致電聯合國秘書長賴伊（Trygve Halvdan Lie），聲明不接受安理會邀請，列席討論中共侵略朝鮮案；並要求安理會將中共控訴美國侵略臺灣案，與美國武裝干涉朝鮮問題合併討論。蔣稱：「此一行動，又將英、美對俄共求情，與賣華養俄之陰謀消除殆盡。豈英、美仍願其列席安理會，辯論美之侵臺案，特予其反宣傳之良機乎？」「英國所提中、韓邊境劃定緩衝地帶之提議，其亦可因此作罷乎？」〔註145〕

16日，美國代表在聯合國大會，提出臺灣法律地位問題延期討論，又提先討論中國控蘇聯侵華案。蔣自記：「此二案提議皆順利通過，此乃美國對我政策與態度之一轉捩點也。」〔註146〕

蔣中正原先認定中共參戰後，國軍應有機會參戰。然而，國際局勢似乎普遍期待降低衝突，令蔣感到不安。19日，蔣自記：「蘇聯提中共參加聯合國，為討論賴伊二十年和平計畫之第一條件，此一陰謀或有實現之可能」；「推察英、美用意，只要俄共能允其停戰，以為其撤退參加韓戰美軍之張本，則無所不可之心理，殊為最後危險之一著。」但聽聞中共部隊在北韓連日後撤，不與聯軍正面接觸，認為「應是其對美國表示可和之意，抑引美軍深入乎？」並稱：「但余深信終久不能妥協，英、美求和之念，直夢想耳。」〔註147〕

1946～1953》，頁446。

〔註143〕當時聯合國中，有美國提出的「中共侵略朝鮮案」與中共提出的「美國侵略臺灣案」列入討論議程，依照規定，須邀請案件當中的當事國。於是聯合國在10月2日邀請中共參與出席大會，美國對此提出不應是「邀請」中共，而是「召見」中共參與會議，但遭到蘇聯與親中共國家的反對。於是才有11月8日聯合國再度邀請中共一事。參見：周湘華，《遺忘的危機──第一次臺海危機的真相》（臺北市：秀威資訊，2008年，初版），頁51。

〔註144〕呂芳上主編，《蔣中正先生年譜長編》，第九冊，頁576，1950年11月9日條。

〔註145〕秦孝儀總編纂，《蔣公大事長編初稿》，卷九，頁293；呂芳上主編，《蔣中正先生年譜長編》，第九冊，頁577～578，1950年11月12日條。

〔註146〕秦孝儀總編纂，《蔣公大事長編初稿》，卷九，頁297～298；呂芳上主編，《蔣中正先生年譜長編》，第九冊，頁581，1950年11月16日條。

〔註147〕秦孝儀總編纂，《蔣公大事長編初稿》，卷九，頁300；呂芳上主編，《蔣中正先生年譜長編》，第九冊，頁583，1950年11月19日條。

11 月 21 日，蔣中正接獲何世禮與麥帥談話記錄，指出麥帥雖對臺灣所執行的游擊行動有所讚賞；但談及目前韓戰狀況時，則稱第三次世界大戰決不致因此而起，也認為聯軍不會進攻中國東北的消息，共黨似乎尚未知悉。但若共黨決心發動第三次世界大戰，聯軍也會使共黨明瞭可能之後果。〔註 148〕蔣聽聞後，認為「此必杜、麥會晤時，相約不得轟炸東北、對俄共挑戰之惟一要題，所產生之自慰托詞乎？」；「據諾蘭稱：麥帥明說其杜、麥會晤，並未談及臺灣問題，屬余不必相信新聞報導之言，乃可斷定杜面令麥帥，不越過中韓邊境與轟炸東北是也。」〔註 149〕蔣認為杜魯門不想擴大戰爭，影響了麥克阿瑟，使國軍參戰的可能似乎又減少了些。

英、法等國傾向與中共妥協，國際局勢如此，蔣並不樂見。23 日，聽聞美國國務卿艾奇遜對記者問答，與英、法、澳等國皆對中華民國「控蘇案」持反對態度，以期待中共代表明日列席安理會時，能與之妥協，乃稱：「以犧牲我之代表權，故控俄案又將擱置不議矣，可痛！而美國外交態度如此不定，實可恥也。」〔註 150〕為聯軍擬對中共談和的態度，感到不快。尤其英國主和最力，中共代表到聯合國時，為之盡力宣傳。24 日，蔣記所聞：「北韓前線已經和平談判，而匪方又釋放美俘數十人（在前線）以誘惑美國軍心；并傳艾其生致函毛匪，由英駐平代表轉達等等」，「此皆英國作祟，故弄虛玄也。」〔註 151〕

此時，中共代表團已抵達紐約，準備列席聯合國大會，辯論控美侵臺案，蔣心自然不安，「因之英、法等國寄以妥協之期望；而國際情勢亦為之動盪不安，謠詠繁興矣。」〔註 152〕然而，美軍對於韓戰，也是談談打打，情勢瞬息萬變。11 月 24 日，麥帥決定發動「終結戰爭」，宣稱要在耶誕節前夕終結韓戰。〔註 153〕戰火重啟，又使蔣對於國軍參戰一事，重燃希望。

〔註 148〕「何世禮呈會晤麥克阿瑟談話記錄」（1950 年 11 月 16 日），〈美政要來訪（五）〉，《蔣中正總統文物》，國史館藏，典藏號：002-080106-00056-014。

〔註 149〕秦孝儀總編纂，《蔣公大事長編初稿》，卷九，頁 300～301；呂芳上主編，《蔣中正先生年譜長編》，第九冊，頁 583，1950 年 11 月 21 日條。

〔註 150〕秦孝儀總編纂，《蔣公大事長編初稿》，卷九，頁 301～302，1950 年 11 月 23 日條。

〔註 151〕秦孝儀總編纂，《蔣公大事長編初稿》，卷九，頁 302，1950 年 11 月 24 日條。

〔註 152〕秦孝儀總編纂，《蔣公大事長編初稿》，卷九，頁 302～303；呂芳上主編，《蔣中正先生年譜長編》，第九冊，頁 585，1950 年 11 月 25 日條。

〔註 153〕但值得注意的，是根據十一月二十八日美國國安會議紀錄中，美國副總統曾

第三節　韓戰設限與麥帥解職

一、「終結戰爭」失利

　　1950 年 11 月 24 日，麥帥發動「終結戰爭」，不料戰況遠非預期。25 日起，共軍展開大規模的反攻，聯軍 29 日已開始全面撤退。12 月 6 日中共重回平壤，24 日戰線已拉回三十八度線。〔註 154〕

　　此戰爆發，讓原本擔心英、美等國談和行動的蔣中正，陰霾爲之一掃：「國際對共匪妥協危機，以本週爲沸點。但自麥帥於週末宣布對共匪總攻令以後，前線和談之謠諑完全掃清」；美國對臺軍援第一批彈藥，適在此時運抵臺灣，蔣又感「美國對共匪姑息幻想，亦可斷定其斷念；則共匪參加聯合國之陰謀，不致實現乎。」〔註 155〕

　　戰事有變，聯軍全線敗退，蔣中正心情實一則以憂、一則以喜。11 月 29 日認爲韓戰擴大，「此一問題已非統帥部所能控制，必須由聯合國解決之」；於美軍聲明，祇能由聯合國及世界各國政府用外交途徑解決，憂慮道：「可知其司令部人員之慌張恐怖之程度，美國人之不能沉著與忍耐皆如此耳，可嘆！」；而「英國則力阻轟炸東北，更爲可恥。」〔註 156〕但 12 月 1 日，接獲杜魯門與美國朝野主張對中共使用原子彈，又稱：「應設法打破之，説其不能生效，因其總禍根乃在俄國也。」〔註 157〕

　　另一方面，31 日蔣對聯軍敗退，認其有助我國地位轉穩，「直至月杪，韓戰美軍全線動搖，國際形勢大變。我國國際地位因共匪對聯大變亂而漸轉穩。」〔註 158〕另杜魯門聲明「臺灣中立化」政策不變，仍不主張國軍援韓，蔣卻認爲「但其軍部與輿論已對國軍之裝備與訓練以牽制共匪之謀略，勢非實現不

　　　詢問麥克阿瑟表示聖誕節前夕終結戰爭一事，陸軍部長佩斯（Frank Pace）回
　　　答：麥克阿瑟已正式否認這項説法，應是傳達過程中產生誤解。參見：
　　　Memorandum of Conversation, by the Ambassador at Large (Jessup), November
　　　28, 1950. Foreign Relations of the United States, Korea, 1950, Volume VII,
　　　pp.1242~1249.
〔註 154〕關於中共與聯軍在 1950 年 11 月 24 日至 12 月 24 日的戰役，中共方面的佈署
　　　　與作戰經過可參見：國防大學《戰史簡編》編寫組編，《中國人民志願軍戰史
　　　　簡編》（北京：中國人民解放軍出版社，2003 年 1 月初版），頁 23～29。
〔註 155〕呂芳上主編，《蔣中正先生年譜長編》，第九冊，頁 585，1950 年 11 月 25 日條。
〔註 156〕秦孝儀總編纂，《蔣公大事長編初稿》，卷九，頁 305，1950 年 11 月 29 日條。
〔註 157〕呂芳上主編，《蔣中正先生年譜長編》，第九冊，頁 589，1950 年 12 月 1 日條。
〔註 158〕呂芳上主編，《蔣中正先生年譜長編》，第九冊，頁 588，1950 年 11 月 31 日條。

能矣。」蘇聯訴美侵臺案在安理會否決，而美要求共軍撤退韓境案亦被蘇聯否決，蔣判斷「美國態度似有決心應戰，此案非提聯大全會通過不可之勢，懲治中共似已不成問題」；「而自我準備與自立政策不能不早定也。」〔註159〕

隨後，蔣中正致電何世禮轉告麥帥，曰：「韓戰挫折甚念，如需中國盡力之處，無不竭誠效勞，願共成敗也。」〔註160〕顯見蔣欲趁此時，派軍參戰，重回聯軍行列。然而，情勢不如預期，聯軍失利並未讓美國決心應戰。11 月 28 日，聯軍初遭挫敗時，美國緊急召開國安會議，討論韓戰局勢發展與後續決策，結論認為美國與聯合國應該限制這場戰爭，不應該和中共全面開戰，不能輕易掉入蘇聯的陷阱中，並否決了動用國軍部隊的構想；另外也討論停戰相關議題，以及討論從朝鮮半島撤退的可能，艾奇遜認為既已得知中國東北飛機場已有 300 具飛機，其中 200 具為轟炸機，在中共空襲危險之下，聯軍只能選擇反擊或是全面撤離朝鮮半島。〔註161〕

翌日，針對麥帥要求動用國軍，美國聯席會議回覆稱：動用國軍必須考慮所有可能帶來的影響，英國等盟國都反對；這項決定也會影響到美國在盟軍裡的領導地位，但仍同意考慮麥克阿瑟的建議。〔註162〕

二、英美協商

聯軍的敗退，使英國首相艾德禮（Clement R. Attlee）緊急飛往美國，與杜魯門展開 6 次會談。首次會談中，艾德禮提醒杜魯門應該保持冷靜，並強調不應花太多心力在亞洲地區，應該更注重歐洲之上。雙方也同意通過聯合國與中共談判，且要守住幾項條件，如停戰不可危及聯合國部隊的安全；以及不能與其他條件綁在一起談，如臺灣與聯合國的中國席位問題。但如果中共不願接受和談，聯合國必須指責中共是侵略者，發動政治、經濟的壓力，

〔註159〕呂芳上主編，《蔣中正先生年譜長編》，第九冊，頁 589，1950 年 12 月 1 日條。

〔註160〕秦孝儀總編纂，《蔣公大事長編初稿》，卷九，頁 305～306；呂芳上主編，《蔣中正先生年譜長編》，第九冊，頁 586，1950 年 12 月 1 日條。

〔註161〕*Memorandum of Conversation, by the Ambassador at Large (Jessup)*, November 28, 1950. Foreign Relations of the United States, Korea, 1950, Volume VII, pp.1242~1249；Dean Gooderham Acheson 著、上海《國際問題資料》編輯組譯，《艾奇遜回憶錄（上）》，頁 324～327。

〔註162〕聯席會回覆麥克阿瑟的紀錄可參見：*The Joint Chiefs of Staff to the Commander in Chief, Far East (MacArthur)*, November 29, 1950. Foreign Relations of the United States, Korea, 1950, Volume VII, pp.1253~1254.

乃至採取某些能干擾中共軍事行動作為，包括加強國軍能力。〔註163〕之後幾次會談，英國詢問是否能將臺灣問題與蔣中正分開，美國認為蔣的地位一時難以取代；韓戰停戰條件若包括將臺灣讓給中共，會導致日本與東南亞國家的危險。〔註164〕英國也提出應讓中共入聯，以便藉由聯合國安理會，對中共施壓；美方則回應，不會在這時與中共談入聯的問題。〔註165〕

12月2日，蔣中正聽聞艾、杜即將展開會談，已感擔憂，認為英國企圖對中共妥協，明言雖在韓國損失聯合國威信，亦所不惜之做法，「美國國民性在此大敗之下，其果能忍受英國之壓迫而屈服乎？」〔註166〕次日，情勢益趨複雜，蔣自記：「麥帥忽發表其韓國戰局願以政治方法，和談解決之聲明，殊令人駭異」；艾奇遜與杜魯門亦有不反對與中共和談之意見，「此果受英國之影響乎？抑為其韓國軍事危急，不能不作此態勢乎？美國之地位此時至為窘困，當可諒解」；對於「英國損人利己，不惟賣華，其將賣美，亦在所不顧矣。」〔註167〕

12月4日，蔣中正認為以理而論，美國絕不願意作陣前投降之舉，不致造成昔日慕尼黑事件的慘劇；〔註168〕並認為「以聯合國會址在美國，受美國領導，亦決不如前國聯會之在日內瓦之無人負責者也。故不須憂慮，但危機尚在，錯節必多耳。」〔註169〕同日致電李承晚，表示聯合國民主自由陣線中，現仍有以過去姑息政策者，繼續主張對敵妥協屈服；並稱：「我政府必堅決反

〔註163〕杜魯門與艾德禮第一次會談紀錄可參見：*United States Delegation Minutes of the First Meeting of President Truman and Prime Minister Attlee*, December 4, 1950. Foreign Relations of the United States, Korea, 1950, Volume VII, pp.1361~1374.

〔註164〕杜、艾第二次會談紀錄可見：*United States Delegation Minutes of the Second Meeting of President Truman and Prime Minister Attlee*, December 5, 1950. Foreign Relations of the United States, Korea, 1950, Volume VII, pp.1392~1408.

〔註165〕杜、艾第五次會談紀錄可見：*United States Delegation Minutes of the Fifth Meeting of President Truman and Prime Minister Attlee*, December 7, 1950. Foreign Relations of the United States, Korea, 1950, Volume VII, pp.1449~1461.

〔註166〕秦孝儀總編纂，《蔣公大事長編初稿》，卷九，頁307；呂芳上主編，《蔣中正先生年譜長編》，第九冊，頁590，1950年12月2日條。

〔註167〕秦孝儀總編纂，《蔣公大事長編初稿》，卷九，頁307；呂芳上主編，《蔣中正先生年譜長編》，第九冊，頁590，1950年12月3日條。

〔註168〕「慕尼黑事件」是指1938年9月，德、英、法、義四國簽訂《慕尼黑協定》，英、法兩國當時採姑息主義，將捷克斯洛伐克以德語為主的蘇臺德區與德國合併，擴大了希特勒的帝國。

〔註169〕秦孝儀總編纂，《蔣公大事長編初稿》，卷九，頁308，1950年12月4日條。

對之，並將不憚任何犧牲，爲吾人共同目的而奮鬥，以爭取最終勝利也。」〔註170〕

　　5 日，再對英美協商發表正式談話，認爲英美協商之重要決定，自將通過聯合國而採取行動。今日聯合國與過去國際聯盟完全不同，美國不僅爲其會員國之一，且爲其領導國，聯合國任何重大決議，美國均負有責任；自由、平等、博愛，爲美國立國的原則，「今日而再有慕尼黑，實爲不可想像之事，故余不信有這回事」；慕尼黑之犧牲捷克，並未阻止或遲延侵略行動，今日並無任何理由使大韓民國成爲捷克第二。美國且已宣佈中共爲公然侵略者，當不會對蘇俄的傀儡中共作任何讓步。否則不僅犧牲大韓民國，實即犧牲美國之本身及聯合國從此完全毀滅；並認爲「今日世界嚴重局勢下如欲確保和平，只有聯合國不犧牲其原則，對侵略者堅持到底而不重演慕尼黑，否則大戰隨時有爆發的可能。」〔註171〕

　　另有記者問到是否仍會派軍援韓，蔣中正強調：「只要聯合國提出要求，中國仍將實踐以前建議，派軍援韓。」但繼續追問時，蔣中正又表示和聯合國及聯軍統帥會商之先，他將不談論此一問題。他拒絕說明國軍是否已準備停妥，一有命令即可開拔等。〔註172〕

　　8 日，又接受美國廣播公司記者訪問，談論「自由中國與韓戰」。記者問國軍反攻大陸，是否有助於聯合國部隊在朝鮮半島的作戰，蔣中正回答：「聯合國如以海空軍助我反攻大陸，韓戰即可轉敗爲勝。且目前反攻大陸的計畫中，並無規畫使用美國地面部隊。」記者又問是否仍有派軍援韓的計畫，蔣中正回答：「中國軍隊爲抗拒共黨侵略起見，自當準備應聯合國或聯軍統帥的要求，前往韓國作戰。」〔註173〕

　　蔣中正對於杜、艾會談最後共同聲明，認爲：「並無特殊之點，形式上雖曰決不姑息，事實上包含隨時可作妥協之因素；而其不作轟炸東北與使用原子彈須先通知英國，以及不損減歐洲軍援，此皆英國主張之勝利，等於放棄

〔註170〕 「蔣中正自臺北致電邵毓麟轉李承晚」（1950 年 12 月 4 日），〈對韓國外交（二）〉，《蔣中正總統文物》，國史館藏，典藏號：002-080106-00069-004。
〔註171〕 〈就「杜艾會談」發表意見〉，《總統蔣公思想言論總集》卷三十八談話，頁266～267。
〔註172〕 〈就「杜艾會談」發表意見〉，《總統蔣公思想言論總集》卷三十八談話，頁267。
〔註173〕 〈自由中國與韓戰之關係〉，《總統蔣公思想言論總集》卷三十八談話，頁268。

亞洲之原則」；又「匪加入聯合國，英更公開贊成，決不追隨美之主張。」〔註174〕

11日，蔣中正再接受「美國新聞及世界報導」雜誌訪問，指出：「美國應負責任將亞洲自由民主的國家組成戰鬥共同體，以減輕亞洲反共國家的負擔」；若聯合國軍隊撤出韓國，蔣認爲「重要的是根本在遠東的策略，不在局部性地區的受挫或勝利」；並強調「美國不容忽視亞洲人力潛力，若亞洲十億人口全遭赤化，世界大戰即使主要戰場在歐洲，屆時雖有很精的武器，恐亦無所用其技。」〔註175〕

三、美國對國軍參戰之評估

英美協商後，韓戰局勢似乎傾向和談。對此，蔣中正爲探詢韓戰現況，與國軍參戰可能性，立即授意何世禮、董顯光會見麥帥。12月14日，何、董前往與麥帥會談，談及國軍參戰一事。麥帥回應11月29日即曾請美國國防部，授權其和蔣商討，派遣6萬名中國軍隊去韓事宜。國防部覆電稱，時機尚未成熟。麥帥並稱，美國陸軍參謀長柯林斯（Lawton Collins）來此，曾告訴其運用中國軍隊之必要。但麥帥也坦承，此次戰爭不會使用國軍，因聯合國會反對，美國也不贊成。另外麥帥也強調：「我再重說一次，請您歸告委員長，請他別有何行動，也別發表任何意見。……像現在這個時候，中國政府對韓局最好無所行動，也不表示任何意見。」〔註176〕

由此可見，麥帥是有意使用國軍，11月29日即曾詢問華府，是否能使用國軍部隊。12月7日與柯林斯會談中，麥帥向提出韓戰的三個方案：一是把戰爭侷限在朝鮮，這等於是投降，美國遲早會被迫撤出朝鮮；二是由聯合國封鎖中國海岸，美軍轟炸中國大陸，並最大限度地在朝鮮使用國軍，同時把國軍引到華南去；三是中國自願同意留在三十八度線。〔註177〕柯林斯列出幾項聯軍在朝鮮半島的限制，如沒有聯合國的空軍與海上封鎖支援，以及不能

〔註174〕呂芳上主編，《蔣中正先生年譜長編》，第九冊，頁593，1950年12月9日條。
〔註175〕〈美國應有積極堅強的遠東政策〉，《總統蔣公思想言論總集》卷三十八談話，頁269～272。
〔註176〕「董顯光報告與麥克阿瑟談話摘要」（1950年12月14日），〈美政要來訪（五）〉，《蔣中正總統文物》，國史館藏，典藏號：002-080106-00056-015。
〔註177〕Harry S. Truman著、李石譯，《杜魯門回憶錄，第二卷：考驗和希望的年代1946～1953》，頁485～486。

使用國軍部隊，聯合國部隊無法從美國得到實質性增強等。麥帥認為，若能解除這些限制，並能夠使用 6 萬人的國軍部隊，聯軍必能維持住三十八度線。〔註 178〕

由於聯軍決議，先透過聯合國，與中共斡旋，麥帥才希望蔣中正「請他別有何行動，也別發表任何意見」，以免影響未來對國軍使用與否的判斷。蔣聽聞後，稱：「麥帥屬我不發言、不行動，極端忍耐，與等待時機，是其一片好意，語出至誠，甚感。」〔註 179〕

美國是否動用國軍參戰，實與韓戰情勢息息相關。華府慎重思考著讓蔣中正參戰，所可能付出的政治代價，與其帶來的軍事利益，究竟孰重孰輕。1951 年除夕，聯軍與中共爆發第三次交戰，又節節敗退，如此窘境，迫使美國更積極考量國軍增援的可能，並指示相關單位研究國軍參戰的評估。報告中指出：若讓國軍介入韓戰，會讓其他亞洲國家不滿；並讓中共有理由指責美國，侵略與介入中國內戰；並指出國軍對於防禦最後防線，也沒有任何幫助。〔註 180〕

此時美國試圖以外交手段達成停戰，1 月 13 日，聯合國通過「韓國停戰五原則」，要點如下：一、籌劃停戰。二、會商。三、撤兵。四、新政府建立之前，採適當措施維持韓境和平與安全。五、停戰協議成立後，聯合國大會應即設立一包括英國、美國、蘇聯及中共代表在內之適當機關，以解決包括臺灣問題及中國在聯合國之代表權問題等遠東各項問題。〔註 181〕

然而，提案馬上遭中共拒絕，拒絕理由如下：一、談判須以外國軍隊退出韓國，及韓國人自行解決其內政問題為基礎。二、談判議題必須包括美軍自臺灣、臺灣海峽撤退，及其他有關遠東的問題。三、談判國家應為中華人民共和國、蘇聯、英、美、法、印度、埃及七國。談判舉行之際，應確切同

〔註 178〕兩人的會談內容可見於杜、艾第六次會談紀錄中：*United States Delegation Minutes of the Sixth Meeting of President Truman and Prime Minister Attlee,* December 7, 1950. Foreign Relations of the United States, Korea, 1950, Volume VII, p.1469.

〔註 179〕秦孝儀總編纂，《蔣公大事長編初稿》，卷九，頁 323～324，1950 年 12 月 26 日條。

〔註 180〕*Consequences of the Early Employment of Chinese Nationalist Forces in Korea,* December 27, 1950. Foreign Relations of the United States, Korea, 1950, Volume VII, pp.1605~1610.

〔註 181〕呂芳上主編，《蔣中正先生年譜長編》，第九冊，頁 615，1951 年 1 月 13 日條。

意中華人民共和國代表在聯合國的合法地位。四、七國會議在中國舉行。〔註182〕

此時美國參謀長聯席會議建議國安會，考慮取消禁止中華民國攻擊大陸的政策，以牽制中共東南沿海的兵力。1 月 17 日，國務院所主張以外交斡旋手段結束韓戰的期望落空，但依然大力反對這項提議，認爲此項策略會導致第三次世界大戰。此時，韓戰情勢已經稍緩，艾奇遜因此建議，請聯席會議評估國軍的效益，再交回國安會參考。〔註183〕

然而，其後聯軍戰場狀況逐漸轉爲有利。2 月 14 日砥平里戰役，〔註184〕美軍堅守陣地以度過夜晚，等待白天轟炸中共之戰術成功，使情勢逐漸逆轉。3 月聯軍發動「撕裂者行動」，成功將漢城奪回，重回三十八度線。〔註185〕

而此份報告，直到 3 月 14 日才出爐。研究指出：中華民國部隊的作戰效率，與美國所提供的軍備援助與戰略指導成正比；但除非情況已十分危急，否則不應冒著世界大戰的風險，讓中華民國採取軍事行動。此時，美軍已無動用國軍救急的需求了。〔註186〕

相對於國務院的政治考量，麥帥身爲聯軍統帥，考慮的是能否打勝仗，使用國軍增強戰力，是必然的選擇之一。隨著 1 月底聯軍逐步反攻，麥帥曾擬定一項計畫，預備偷襲北韓後方，切斷中共與北韓的補給線，使國軍和美軍部隊從北韓海岸線登陸，共同作戰。〔註187〕杜魯門親自回電，向麥帥強調

〔註182〕呂芳上主編，《蔣中正先生年譜長編》，第九冊，頁 615～616，1951 年 1 月 17 日條。

〔註183〕*NSC101*, January12, 1951; NSC 101/1,NSC Staff Report, January 17,1951. Foreign Relations of the United States, 1951, Korea and China (in two parts), Volume VII, Part 1 (Washington, D.C.: United States Government Printing Office, 1983), pp.70～79.

〔註184〕地點位於朝鮮半島京畿道楊平郡砥平里。

〔註185〕John Toland 著、孟慶龍等譯，《韓戰：漫長的戰鬥》，下冊，頁 507～534；David Halberstam 著、王祖寧等譯，《最寒冷的冬天：韓戰眞相解密》（新北市：八旗文化，2012 年初版），頁 380～446。

〔註186〕*Study Submitted by the JCS*, March 14, 1951. Foreign Relations of the United States, 1951, Korea and China (in two parts), Volume VII, Part 2 (Washington, D.C.: United States Government Printing Office, 1983), p.1598;*NSC 48/5,United States Objectives, Policies, and Courses of Action in Asia*, May 17,1951. Foreign Relations of the United States, 1951, Asia and the Pacific (in two parts), Volume VI, Part 1 (Washington, D.C.: United States Government Printing Office, 1977), p.37.

〔註187〕MacArthur 著，張瓊譯，《麥克阿瑟回憶錄》，頁 242～243。

擴大戰爭必須非常謹慎，否則若把日本跟西歐捲入戰爭，並非好事。〔註 188〕
2 月 6 日，麥帥再向聯席會議建議，將中國軍隊用於韓國或其他地區。〔註 189〕
蔣中正隔日也在接受訪問時提到：「中、菲、韓三國應緊密團結，建立亞洲反
共陣線」；並表示：「中國軍隊已經重新改編、重新訓練，隨時可以參加戰鬥。」
〔註 190〕正好呼應麥帥的建議。

　　3 月中旬，聯軍奪回漢城，麥帥再度提出計畫，認為應用海軍封鎖中共，
解除對中共海岸和東北地區的空中偵察限制；解除中華民國對大陸使用武力
的限制，給予充分的後勤支援，以對中共作戰。〔註 191〕此議，卻遭聯席會議
以政府與聯合國準備以外交手段結束戰爭，已無擴大軍事衝突必要為由，加
以否決。〔註 192〕麥帥回覆則要求不要再對聯軍司令部給予限制，在這些限制
下採取軍事行動，是無法打贏戰爭的。〔註 193〕

四、麥帥解職

　　1951 年 2 月以後，聯軍全面反攻，並重新奪回漢城，美國政府即欲趁取
得優勢之際，發起停戰協議。不料 3 月 24 日，麥克阿瑟發表停戰聲明，雖稱
願意與敵軍統帥會面談判，但語意中卻帶有最後通牒之意，警告若不投降，
將面臨全面毀滅。〔註 194〕此項聲明直接違反了杜魯門在 1950 年 12 月 6 日頒
布，任何有關外交政策的聲明必須經過國務院批准的訓令，〔註 195〕杜魯門更

〔註 188〕Harry S. Truman 著、李石譯，《杜魯門回憶錄，第二卷：考驗和希望的年代
　　　　　1946～1953》，頁 508～510。
〔註 189〕秦孝儀總編纂，《蔣公大事長編初稿》，卷十（臺北：中正文教基金會，2003
　　　　　年初版），頁 33～34，1951 年 2 月 6 日條。
〔註 190〕秦孝儀總編纂，《蔣公大事長編初稿》，卷十，頁 34；呂芳上主編，《蔣中正
　　　　　先生年譜長編》，第九冊，頁 628，1951 年 2 月 7 日條。
〔註 191〕MacArthur 著，張瓊譯，《麥克阿瑟回憶錄》，頁 243。
〔註 192〕*The Joint Chiefs of Staff to the Commander in Chief, Far East (MacArthur)*,
　　　　　March 20, 1951.　Foreign Relations of the United States, 1951, Korea and China
　　　　　(in two parts), Volume VII, Part 1, p.251.
〔註 193〕*The Commander in Chief, United Nations Command (MacArthur) to the Joint
　　　　　Chiefs of Staff*, March 20, 1951. Foreign Relations of the United States, 1951,
　　　　　Korea and China (in two parts), Volume VII, Part 1, p.255.
〔註 194〕*Tel.568 to Certain Diplomatic Offices which transmitted the text statement
　　　　　released by Gen MacArthur*, March 24, 1951. Foreign Relations of the United
　　　　　States, 1951, Korea and China (in two parts), Volume VII, Part 1, p.265.
〔註 195〕Harry S. Truman 著、李石譯，《杜魯門回憶錄，第二卷：考驗和希望的年代
　　　　　1946～1953》，頁 449、517；陶文釗主編，《中美關係史（中卷）1949～1972》，

對於麥帥的聲明感到相當震驚，並稱再也不能容忍這樣的發言；〔註196〕也使得美國政府訴諸和平的停戰協議計畫，宣告失敗。

蔣中正聽聞麥帥聲明中，因不以臺灣及聯合國代表權爲條件，而引起國務院與英國之指責，乃稱：「益見若輩不可告人之陰謀，仍積極進行其妥協與妄想，無所不用其極。其受共愚弄，與被俄玩弄於股掌之上，非死不醒悟，而實爲其非滅蔣亡華則其死不甘心耳。艾其生〔艾奇遜〕誠不愧爲美奸矣。」〔註197〕也對麥帥處境感到擔憂：「韓戰共匪又自動退出漢城，麥帥發表招降文告，引起聯合國與美政府國務院之激急反動，認爲麥帥有意破壞其對中共之妥協政策也，甚爲麥帥危矣。」〔註198〕

4月7日，美國眾議院共和黨議員馬丁（Joseph William Martin, Jr.）公布麥帥3月20日的回函，主張運用國軍反攻大陸，指出如想以最大武力迎擊中共，那國軍的部隊自然是可利用的戰力。另外信中表示：「如果我們能贏得勝利，歐洲即可避免戰爭」；又「我們必須追求勝利，沒有任何代價可以代替勝利。」〔註199〕美國政府發言人立即發出聲明，表示在韓戰中絕不使用國軍的政策，迄未改變。對此，蔣中正自記：「麥帥致馬丁函，贊同我國軍反攻大陸之函件發表以後，美、英政府合謀倒麥，美國輿論亦爲其政府操縱，多數攻麥，此即英國間接滅蔣賣華之狡計。」蔣也認同麥帥的說法，於是致函馬丁，請其繼續聲援麥帥。〔註200〕

4月9日，艾奇遜向杜魯門報告，美國參謀長聯席會議與國務院一致同意解除麥帥職務。〔註201〕11日，杜魯門下令解除麥帥職務，因其企圖「擴大戰爭」與美國政府的要求不符。〔註202〕蔣中正接獲麥帥遭撤職消息，即派董顯

頁37。

〔註196〕Harry S. Truman 著、李石譯，《杜魯門回憶錄，第二卷：考驗和希望的年代1946～1953》，頁 518～519；Dean Gooderham Acheson 著、上海《國際問題資料》編輯組譯，《艾奇遜回憶錄（上）》，頁 392。

〔註197〕秦孝儀總編纂，《蔣公大事長編初稿》，卷十，頁 77；呂芳上主編，《蔣中正先生年譜長編》，第九冊，頁 647，1951 年 3 月 31 日條。

〔註198〕呂芳上主編，《蔣中正先生年譜長編》，第九冊，頁 647，1951 年 3 月 31 日條。

〔註199〕MacArthur 著、張瓊譯，《麥克阿瑟回憶錄》，頁 245。

〔註200〕秦孝儀總編纂，《蔣公大事長編初稿》，卷十，頁 94～95；呂芳上主編，《蔣中正先生年譜長編》，第九冊，頁 652，1951 年 4 月 7 日條。

〔註201〕Dean Gooderham Acheson 著、上海《國際問題資料》編輯組譯，《艾奇遜回憶錄（上）》，頁 395～396。

〔註202〕Harry S. Truman 著、李石譯，《杜魯門回憶錄，第二卷：考驗和希望的年代

光赴日，與何世禮慰問麥帥；並稱：「只覺此又是共產國際陰謀在東方進一步之進展，更見英國陰險，而美國愚昧之可哀。從此西太平洋區更加赤禍橫決，無法抵止，而日本之赤焰滔天矣」；〔註203〕「麥帥各職被罷免以後，英國與艾、馬倒麥滅蔣之陰謀，又得進一步之實現」；感嘆：「大陸人民慘受共匪屠殺者日增一日，而美國與聯合國不僅坐視不援，而且全力阻制我反攻，惟恐不及。」

　　但蔣也將麥帥返美後引發之效應，視爲一個契機：「自麥帥回美後，對其韓戰意見與東方政策做公開之討論，此爲六年以來，美國最黑暗與最失敗不可告人之所爲，獲得辯論最難得之機會，或反於我有益。」〔註204〕總結而言，積極表態支持國軍參戰的麥帥遭到解職後，韓戰也即將步入停戰談判。蔣中正對於派軍援韓一事，僅能暫時放下，第二次對美請纓至此告一段落，直至停戰談判延宕不前，運用國軍援韓的討論聲浪，始又再起。

　　　1946～1953》，頁525。
〔註203〕秦孝儀總編纂，《蔣公大事長編初稿》，卷十，頁100；呂芳上主編，《蔣中正先生年譜長編》，第九冊，頁654，1951年4月11日條。
〔註204〕秦孝儀總編纂，《蔣公大事長編初稿》，卷十，頁118～119；呂芳上主編，《蔣中正先生年譜長編》，第九冊，頁662～663，1951年4月30日條。

第四章　第三次援韓之議

（1951 年 4 月～1953 年 7 月）

　　1951 年 6 月 23 日，蘇聯駐聯合國代表馬利克（Yakov Malik）公開呼籲雙方停戰，美國與中共也都表示贊同，雙方進入停戰談判階段。這期間相當冗長，自 1951 年 7 月 10 日開啓停戰談判至 1953 年 7 月 27 日簽訂停戰協定共達兩年之久。過程中，雙方因彼此停戰條件落差太大，歷經數次談判破裂，也都爲了獲得談判優勢而展開攻勢。聯軍在 1951 年展開夏季與秋季攻勢，又在 1952 年 10 月再度發動攻勢。中共則在 1953 年發動三次進攻，雙方最終在 1953 年 7 月 27 日完成停戰協定，韓戰結束。

　　停戰談判陷入僵局之時，美國政府積極思考打破僵局的可能，其中一項討論便是動用國軍牽制中共。本章將討論著重於停戰談判期間，前兩節討論中華民國政府第三次派軍援韓的形成背景與未能出兵之因，論述蔣中正在其中的應對與決策過程；第三節則討論蔣中正在最後的停戰階段，協調美國總統艾森豪（Dwight David Eisenhower）與南韓總統李承晚之間對停戰歧見的斡旋過程。

第一節　韓境停戰談判與美國對臺轉變

一、陷入僵局

　　1951 年 4 月，麥帥遭到解職，聯軍與中共雙方也在 4 到 6 月期間，展開第五度的大規模交戰。此戰結束後，美方始能再度思考開啓停戰談判。計自

1950 年韓戰爆發後，雙方已歷一年左右的大規模衝突，皆有意結束戰爭。艾奇遜指示美國國務院顧問肯楠（George F. Kennan）與馬利克會面，並稱此次見面僅爲了解蘇聯是否已弄清楚美方的目的與意圖。〔註1〕兩人於 5 月 31 日與 6 月 5 日兩次秘密會面，雙方都盼望停火。〔註2〕

6 月 23 日，馬利克公開呼籲雙方應停戰，中共附合，表示同意。美國總統杜魯門乃於 29 日訓令聯軍總司令李奇威（Matthew Bunker Ridgway），向中共及北韓提出停火談判建議。〔註3〕7 月 10 日，雙方正式展開停戰談判。

1951 年 7 月 10 日，雙方在開城地區開啓停戰談判，但卻因數項條件談不攏，而陷入僵局。爭議主要在於共方提出的三點建議：一、確定三十八線爲軍事分界線；二、雙方武裝部隊從三十八線後撤 10 公里；三、建立 20 公里寬的地區爲緩衝區，雙方從緩衝區撤出武裝部隊。〔註4〕

聯軍方面不同意，並提出四點意見反駁：一、三十八線不能反映雙方的軍事力量，劃定原緯線爲軍事分界線是不合理的。二、三十八線過去是南北朝鮮的分界線。但它從戰爭一開始就立即消失了，而且現在同任何形勢都沒有關係。三、雖然近來軍隊在三十八線地區行動，但他們從未停留在三十八線，因此最好劃定穩定的戰線作爲軍事分界線。四、在劃定三十八線爲軍事分界線時，聯軍就要放棄一些有利的防禦陣地。這是不合理，也是錯誤的。〔註5〕

共方則指出：「三十八線反映著現階段實際軍事形勢，三十八線是一條反映著和平解決朝鮮問題的公正和正確的軍事分界線。」〔註6〕雙方各持己見，互不相讓。

聯軍在建立緩衝區的討論中強調必須以軍事情勢作爲考慮，並認爲聯軍擁有空軍與海軍的優勢，共方僅只有陸軍勉強與聯軍抗衡，並提出三點建議：

〔註1〕 Dean Gooderham Acheson 著、上海《國際問題資料》編輯組譯，《艾奇遜回憶錄（上）》，頁 409～410。

〔註2〕 *Memorandum by George F. Kennan Concerning Events from May 18 to May 25, Undate 1951. Foreign Relations of the United States, 1951, Korea and China (in two parts), Volume VII, Part 1,* p.460.

〔註3〕 秦孝儀總編纂，《蔣公大事長編初稿》，卷十，頁 171，1951 年 6 月 23 日條。

〔註4〕 沈志華主編，〈毛澤東關於轉發停戰談判第 12 號簡報致史達林電〉，《朝鮮戰爭：俄國檔案館的解密文件》，中冊，頁 915～919。

〔註5〕 沈志華主編，〈毛澤東關於轉發停戰談判第 14 號簡報致史達林電〉，《朝鮮戰爭：俄國檔案館的解密文件》，中冊，頁 932～933。

〔註6〕 沈志華主編，〈毛澤東關於轉發停戰談判第 15 號簡報致史達林電〉，《朝鮮戰爭：俄國檔案館的解密文件》，中冊，頁 939～940。

一、停止一切地面軍事行動，建立緩衝區並從緩衝區撤出所有部隊。聯軍建議的緩衝區界線已標在地圖上。二、聯軍方之空軍，停止在鴨綠江和圖們江以南到緩衝區南緣地區內的活動。三、從鴨綠江口到緩衝區南緣的西海岸以及從圖們江口到緩衝區南緣的東海岸，停止對朝鮮海岸地區的封鎖和掃射。〔註7〕

　　共方十分不滿，認為聯軍欲以空、海軍優勢來施壓，以獲得有利的條件。共方不接受，並駁斥聯軍所持軍事優勢之觀點，認為陸軍才是決定性兵種，並不把聯軍的海、空軍放在眼裡，並稱：「若對方失去違背國際法的密集轟炸，聯軍的陸軍早就不知撤退到哪了。」〔註8〕雙方各執一詞，互不相讓，停戰協商終告破局。

　　協商破局後，聯軍為爭取談判有利條件，再度發起攻勢，聯軍於 8 月 18 日至 9 月 18 日，和 9 月 29 日至 10 月 22 日分別發動了夏季攻勢和秋季攻勢，分別進攻共方西線和東線防線。經過兩個月的攻防之後，10 月 25 日再度恢復談判協商，談判地點改至板門店。過程中，共方在 10 月 30 日至 11 月下旬間，發起局部反擊戰，占領了 280 平方公里土地，鞏固了開城地區的防禦。〔註9〕

　　雙方最終在 11 月 27 日做出共識：一、確定以雙方軍隊實際接觸線作為分界線，雙方軍隊由該線各自後撤 2 公里，以建立緩衝地帶。二、雙方代表小組委員會應在該協定第 1 條的基礎上立即解決關於目前雙方軍隊接觸線問題，以便雙方同意確定以實際接觸線作為分界線，同時確定以離分界線兩邊各 2 公里的線作為緩衝地帶的北邊界線和南邊界線。三、敵對行動可能一直繼續到簽署停戰協定之時。如果在雙方代表會議批准該協定，以及分界線和緩衝地帶的具體規定之後，在 30 天之內就全部議程，達成協定，則不論雙方軍隊的實際接觸線，出現何種改變，已確定的分界線和緩衝地帶都不會有任何改變。如果 30 天已過，尚未就全部議事日程達成協定，則在簽署停戰協定之前，根據雙方軍隊實際接觸線的改變，而對之做出某些改變。〔註10〕

〔註7〕　沈志華主編，〈毛澤東關於轉發美方對緩衝區的意見致史達林電〉，《朝鮮戰爭：俄國檔案館的解密文件》，中冊，頁 929～930。
〔註8〕　沈志華主編，〈毛澤東關於轉發南日在停戰談判中的發言致史達林電〉，《朝鮮戰爭：俄國檔案館的解密文件》，中冊，頁 934～938。
〔註9〕　John Toland 著、孟慶龍等譯，《韓戰：漫長的戰鬥（下冊）》（臺北市：麥田出版社，1999 年初版），頁 605～616。
〔註10〕　沈志華主編，〈毛澤東關於第 2 項議程協定問題致史達林電〉，《朝鮮戰爭：俄國檔案館的解密文件》，下冊（臺北：中央研究院近代史研究所，2003 年初版），頁 1127～1128。

　　自此，進入了長達兩年的停戰協商，這兩年中，雙方在彼此的防禦線上佈滿重兵，相互對峙著。然而，美國政府對於協商延宕不前，逐漸消磨其耐心，政府內部開始出現若未能達成停火，或是中共企圖拖延談判，美國應提高軍事和經濟壓力已逼其就範的聲音；並認爲提高壓力不會讓蘇聯發動戰爭，而是能夠造成中共與蘇聯之間的緊張與矛盾。

　　對於談判陷入僵局，蔣中正有其看法。早在 1951 年初，聯合國通過「韓國停戰五原則」時，蔣中正感到十分憤怒：「聯合國政委會通過韓戰停火五點計畫案，實爲本世紀國際組織上最卑汙之史跡。」〔註 11〕並令外交部長葉公超發出聲明：「中國政府一貫主張聯合國應指斥中共爲韓戰之侵略者。除非中共之侵略軍隊撤出韓境，聯合國若考慮接受任何其他停火之條件，實爲犧牲自由與正義，並喪失其本身之立場，以向共產黨乞和之企圖。」〔註 12〕而這項提案也馬上遭中共拒絕，停戰一事暫時擱置。蔣稱：「惟爲聯合國自討恥辱，喪盡人格而已，此外無所動心。」〔註 13〕

　　6 月 30 日，雙方即將開啓停戰談判，蔣中正認爲談判必不會順利進行，因爲「俄國停止韓戰之宣傳，戰固未停，而共匪已得到喘息休養之機；一面聯軍之士氣必因之散懈，而無鬥志矣。預料最後必在不戰、不和狀態之下週旋，卒使聯合國進退兩難而已。」〔註 14〕並認爲：「馬立克提出韓戰停火建議後，即宣布其回俄養病之消息，可知停火不能有結果也。」〔註 15〕

　　蔣中正雖不看好停戰談判會成功，但也對韓戰不再多想，「今後應在自力更生上，確立計畫，下定決心，以期自助天助，復國自強，乃必有濟也。」〔註 16〕

　　所以韓戰協商期間，蔣專注於加強臺灣防務以及提升臺灣本身地位之上。隨著美國軍、經援的到來，積極重整國軍戰力。

〔註 11〕秦孝儀總編纂，《蔣公大事長編初稿》，卷十，頁 14；呂芳上主編，《蔣中正先生年譜長編》，第九冊，頁 615，1951 年 1 月 13 日條。

〔註 12〕秦孝儀總編纂，《蔣公大事長編初稿》，卷十，頁 15；呂芳上主編，《蔣中正先生年譜長編》，第九冊，頁 615，1951 年 1 月 13 日條。

〔註 13〕秦孝儀總編纂，《蔣公大事長編初稿》，卷十，頁 19，1951 年 1 月 17 日條。

〔註 14〕呂芳上主編，《蔣中正先生年譜長編》，第九冊，頁 686，1951 年 6 月 30 日條。

〔註 15〕呂芳上主編，《蔣中正先生年譜長編》，第九冊，頁 685，1951 年 6 月 30 日條。

〔註 16〕秦孝儀總編纂，《蔣公大事長編初稿》，卷十，頁 177～178；呂芳上主編，《蔣中正先生年譜長編》，第九冊，頁 689～690，1951 年 7 月 7 日條。

二、美國對臺之軍援與限制

　　由於談判延宕，美國政府積極思考，能夠爲談判桌上帶來有利條件的方法。此時在臺灣致力於整頓軍備的蔣中正，成爲了討論的議題。美國原本不願意與蔣中正再有任何牽連，即便韓戰發生，亦只願意給予最低限度的保護。美國駐臺單位的報告指出，中華民國在經濟、軍事各方面都有所進步，但美國國務院仍然把 1950 至 1951 年間臺灣的進步，視爲是美援與天然資源豐富的結果。國務卿艾奇遜仍不看好這個曾經失敗的政府能夠有效的運用美援，建立臺灣經濟的穩定與安全。〔註 17〕

　　然而，隨著韓戰戰局越趨複雜，美國態度逐漸有了轉變。最初可見於 1951 年 5 月由美國國安會所通過的 NSC 48/5 文件中，對於臺灣的設定目標部分，以不讓臺灣地區落入與蘇聯同盟或被蘇聯控制的任何中國政府手中，並加強臺灣的防衛能力。爲達成這項目標，國安會建議應督促中華民國的政治改革，並提供軍、經援助，幫助其建立足以保衛臺灣的部隊。〔註 18〕

　　由此可知，早在停戰談判之前，美國對於蔣中正的態度已經逐漸轉變。隨著停戰談判陷入僵局，美國政府欲找出能夠有效給予中共壓力的方法，動用國軍之討論漸趨熱烈。〔註 19〕雖然杜魯門政府仍對蔣中正之領導不滿意，先前也持續思考著勸蔣中正下臺或發動政變取代等可能性，但透過與與美國關係較爲密切的中華民國外交官顧維鈞、蔣廷黻等人溝通後，逐漸意識到唯有蔣中正，能領導非共產的中國勢力。〔註 20〕隨著 NSC 48/5 的文件通過，杜魯門政府雖不情願，也只能繼續協助蔣中正重整軍備，以負起保衛臺灣的責任。

　　然而，美國並非立即恢復對蔣中正的信任，雖說 NSC 48/5 文件的通過，

〔註 17〕 *The Secretary of State to the Embassy in the Republic of China*, April 4, 1951. Foreign Relations of the United States, 1951, Korea and China (in two parts), Volume VII, Part 2, pp.1619~21.

〔註 18〕 *Report to the National Security Council by the Executive Secretary (Lay), May 17, 1951.* Foreign Relations of the United States, 1951, Asia and the Pacific (in two parts), Volume VI, Part 1, pp.35~38.

〔註 19〕 James F. Schnabel and Robert J. Watson, *History of the Joint Chief of Staff , The Joint Chief of Staff and National Policy, Volume III 1951~1953, The Korean War Part Two* (Washington, DC: Office of the Chairman of the Joint Chiefs of Staff, 1998) pp.152~156.

〔註 20〕 *Memorandum of Conversation between Rusk and Han LI~wu*, April 13, 1951. Foreign Relations of the United States, 1951, Korea and China (in two parts), Volume VII, Part 2, p.1628~1629；顧維鈞回憶錄，第九分冊，頁 472～473。

意味著華府應該要積極協助中華民國的改革行動，但杜魯門政府對於蔣中正政府的改革能力仍舊有所懷疑。美國在軍、經援助上設下許多限制，以避免蔣擁有足以反攻的能力，並不斷要求由美國主導。美軍顧問團來臺，即爲美國掌控中華民國軍事的策略。

美軍顧問團的成立，源於 1951 年 1 月 30 日，美方根據國會通過的軍援臺灣法案，〔註21〕暨先前擬定的「中美共同互助協定草案」，派遣軍事顧問團來臺灣，由美國駐華大使館臨時代辦暨公使藍欽（Karl L. Rankin）向中華民國外交部提出軍援，並於 2 月 9 日換文，即爲「中美共同互助協定」。〔註22〕美軍顧問團的正式名稱爲「美國軍事援助技術團」（Military Assistance and Advisory Group），於 4 月 23 日進駐，5 月 1 日正式成立「美國軍事援華顧問團」。首位美軍顧問團團長是蔡斯（William C. Chase）少將。〔註23〕

對於美軍顧問團的到來，或因正逢麥帥遭到解職，蔣中正之態度顯得保守與謹愼：「接美國派軍事顧問團來臺協助之正式公文，內實無所動也。」〔註24〕並研擬應注意之事項，認爲應展現出不卑不亢的態度，不屈服但也不過度依賴。〔註25〕

5 月 1 日，美軍顧問團正式成立，隔日蔣中正與蔡斯見面，稱：「中國政府方面，必與之全力合作；有關顧問團之編組及工作程序，俟派員調查各機關部隊情形及需要後，可再作商討。」蔡斯答覆：「此次來華任務，在襄助訓練國軍維護及運用美援武器裝備，決不包括干涉國軍之指揮系統。該團來華人員編額將依調查組之報告決定」；另「國務院亦特別申明臺灣中立化之政策，並不因顧問團之派遣有所變更。」〔註26〕

此次會談看似順利，但蔣對於美軍顧問團一直抱持著懷疑態度。雙方亦曾在各方面有過意見上的衝突，軍援物資來臺時間的延宕、軍事人事上的調

〔註21〕 秦孝儀總編纂，《蔣公大事長編初稿》，卷十，頁 43；呂芳上主編，《蔣中正先生年譜長編》，第九冊，頁 630，1951 年 2 月 9 日條。

〔註22〕 鄧克雄主編，《美軍顧問團在臺工作口述歷史》（臺北市：國防部史政編譯室，2008 年，初版。），頁 10。

〔註23〕 鄧克雄主編，《美軍顧問團在臺工作口述歷史》，頁 10；Karl L. Rankin 著、徵信新聞報編譯室譯，《藍欽使華回憶錄》（臺北：徵信新聞報，1964 年 10 月初版），頁 116～117。

〔註24〕 呂芳上主編，《蔣中正先生年譜長編》，第九冊，頁 659，1951 年 4 月 21 日條。

〔註25〕 秦孝儀總編纂，《蔣公大事長編初稿》，卷十，頁 116～117；呂芳上主編，《蔣中正先生年譜長編》，第九冊，頁 661～662，1951 年 4 月 29 日條。

〔註26〕 呂芳上主編，《蔣中正先生年譜長編》，第九冊，頁 663，1951 年 5 月 1 日條。

度與部隊的編制與預算編目的決定　權等方面，皆有爭論。

美國給予的軍援中，最直接項目為軍用物資與裝備。物資缺乏將使得部隊戰力停滯不前。直到 1951 年 5 月底，美援武器送達延誤嚴重，蔣中正認定之為美國的政治操作，抱怨道：「美國軍援至今仍未到來，其必仍待共匪允和消息，抑或準備臺灣托管，以便驅蔣滅華，而不肯運送武器來臺，深恐吾軍抗拒其托管之武力侵入乎。」〔註27〕

7 月 5 日，聽聞美國本年度軍援，以接濟英國與西歐為優先；對臺灣須遲至明年，且 6 月以前能否運達，尚未可知。蔣聽聞，自覺泰然：「更可知美政府之所謂軍援臺灣者，完全為欺矇其人民之謊言。而對我軍援，不惟毫無誠意，且必藉此軍援之美名，在我內部播弄脅誘，使我內潰自亂。此其無異代俄共以毀滅我政府也，其用心之毒辣卑險，可謂極矣」；更感嘆道：「此時除自助與天助之外，再無其他救國之道矣。」〔註28〕

8 月 11 日，聽聞美國軍援與原先應允數目不同，立即致電詢問美援運用委員會副主任委員俞大維，要其查明：「報載對華軍援三億九百萬元，其中九千萬元為經援之用，此所謂經援是否專為軍援中經濟有關之用途，而並非一般之經援乎。」〔註29〕俞大維曾向美國國防部長馬歇爾詢問，馬歇爾僅說 9,000 萬美元總額中運出的總數迄今只有 1,200 萬美元，其餘就不願多談。俞曾無奈表示：「使美國採取一項援助我們的政策是一回事；使其把該項政策付諸實施則完全是另一回事。」〔註30〕

軍援遲遲未到之事，令蔣中正十分苦惱。對美雖感不滿，卻又不得不求援，為此矛盾與痛苦。9 月 15 日，主持軍事會談，再對美國態度表達強烈不滿：「對美國軍援提案與數量有詳切之報告，美國有口無心、虎頭蛇尾，以及熱冷無度、喜怒無常之教訓，一切言行均使人無法置信也」，「明知其決不援華，而又不能不言及援華之事，悲痛極矣。」〔註31〕

〔註27〕 呂芳上主編，《蔣中正先生年譜長編》，第九冊，頁 673，1951 年 5 月 31 日條。
〔註28〕 秦孝儀總編纂，《蔣公大事長編初稿》，卷十，頁 175～176；呂芳上主編，《蔣中正先生年譜長編》，第九冊，頁 688，1951 年 7 月 5 日條。
〔註29〕 呂芳上主編，《蔣中正先生年譜長編》，第九冊，頁 702，1951 年 8 月 11 日條；顧維鈞著、中國社會科學院近代史研究所譯，《顧維鈞回憶錄》，第九分冊（北京：中華書局，1989 年初版），頁 458～459。
〔註30〕 顧維鈞著、中國社會科學院近代史研究所譯，《顧維鈞回憶錄》，第九分冊，頁 478。
〔註31〕 呂芳上主編，《蔣中正先生年譜長編》，第九冊，頁 716，1951 年 9 月 15 日條。

12 月 8 日，軍援迄未到達，自記：「美國所謂 1951 年軍援計畫七千萬美元者，至今不惟一物未到；而且我自備款項所購油料，延遲至今，亦阻滯不予起運也。」召開軍事會議時，亦曾談提及：「美援軍火所到者，仍只輕武器與彈藥之類，而其所允野重砲，應上月可到者，至今音息絕無。」並認爲「馬系之軍部與艾系之國務院人員，其仇視中華，與陰助共產如故，名爲反共，而實則助共也。」〔註 32〕

13 日，再致電俞大維，詢問：「美國前允本年可運到之野砲重砲，至今音訊杳然，此批各砲究有起運否，何日運出，盼詳查復」〔註 33〕俞大維於 20 日電告蔣，1951 年度美方供給大炮彈藥等計畫與數量情形，1952 年度則尚未確定；俞也建議美方應從大戰後遺留軍品選用運臺應急爲宜。〔註 34〕

所幸次年 1 月 12 日，延宕已久的重砲抵達，卻僅到 22 門，其砲車與彈藥車皆未配備，蔣無奈稱：「美國允我軍援已有二十個月之久，而所到者僅此二十二門重砲爲眞是戰品；但其殘缺如此，可知其當局對我用心之殘忍與惡毒，誠非言語所能形容」，且「若無其社會輿論與共和黨之督促，則連此而亦不可得矣。」〔註 35〕

三、美國對蔣中正態度之轉變

隨著雙方軍事合作逐漸步向正軌，美國駐臺單位也回報，中華民國願意配合美國所提出的各項要求，並且持續進步。蔡斯的報告中指出，將資金投入在國軍上，是相當划算的投資，因爲訓練國軍每名士兵，一年的維持與訓練費用僅需 300 美元，而美軍士兵則需 5,000 美元。〔註 36〕中華民國持續進步

〔註 32〕 秦孝儀總編纂，《蔣公大事長編初稿》，卷十，頁 386；呂芳上主編，《蔣中正先生年譜長編》，第九冊，頁 753～754，1951 年 12 月 8 日條。

〔註 33〕 「蔣中正自臺北致俞大維電」（1951 年 12 月 13 日），〈籌筆——戡亂時期（十八）〉《蔣中正總統文物》，國史館藏，典藏號：002-010400-00018-046。另俞大維曾在 10 月 30 日表示獲得有關軍援計畫的進一步消息。有兩批高射炮和其他大砲即將運往臺灣，應是此處所指之美方應允的野砲。見於：顧維鈞著、中國社會科學院近代史研究所譯，《顧維鈞回憶錄》，第九分冊，頁 488。

〔註 34〕 「俞大維自華盛頓致蔣中正電」（1951 年 12 月 20 日），〈對美關係（一）〉《蔣中正總統文物》，國史館藏，典藏號：002-090103-00002-223。

〔註 35〕 呂芳上主編，《蔣中正先生年譜長編》，第十冊（臺北：國史館，2015 年初版），頁 5，1952 年 1 月 12 日條。

〔註 36〕 *Memorandum of Conversation on State, Defense, and MSA Conference with Chase,* February 20, 1952. Foreign Relations of the United States, 1952~1954, China and

的訊息，再加上美國急欲從韓境停戰談判中找出突破口，終使其改變對於蔣中正與中華民國的態度，主動提出動用國軍，以牽制中共的計畫。

1952 年 1 月 24 日，國軍舉行年度閱兵典禮，蔣中正邀請美軍顧問團蔡斯與來臺訪問之美國駐沖繩島地面部隊司令貝特萊（Robert S. Beightler）少將、美國第 20 航空隊司令史德萊（Ralph F. Stearley）少將參觀第 67 師新編美制試辦教育，對於由美方訓練的國軍表現感到相當滿意，並稱：「語調儀容，皆臻上乘，殊堪欣慰」；下午校閱營戰鬥演習，「其火力之熾盛，即所謂火海之演成，今始見之；但其彈藥之消耗，只有美國所能爲也。」〔註37〕

蔣中正雖對美國交付軍援延宕，感到相當不滿，但也深知唯有美國支援，國軍戰力才有提升可能。蔡斯也在 2 月中返美述職，並敦促加速運交對臺灣的軍援。〔註38〕截至 4 月 16 日，軍援之重武器全數抵達，蔣稱：「美械重武器，上周始到七五山砲一百三十門，此爲兩年來美國對我軍援第一批之重武器。」〔註39〕不禁感嘆：「美國軍援之重武器砲類，亦於本月初始到一批，此亦二年來忍辱奮鬥之效果乎。」〔註40〕

軍援的延宕，並非是美軍顧問團有意所爲，多爲美國政府對蔣之不信任導致。相反地，蔡斯與藍欽則不斷強調必須加深雙方的互信程度，以及不該訂定無法執行的美援計畫，破壞中華民國對美國的信賴。〔註41〕

除了軍援物資的問題外，雙方亦曾在軍隊編制、預算控制、人事調度上都有所溝通，包括蔣聘用的日本教官問題上，有過意見衝突。〔註42〕按：蔡

Japan (in two parts), Volume XIV, Part 1 (Washington, D.C.: United States Government Printing Office,1984), pp.10~15.

〔註37〕呂芳上主編，《蔣中正先生年譜長編》，第十冊，頁 10～11，1952 年 1 月 24 日條。

〔註38〕「俞大維自華盛頓致蔣中正電」（1952 年 2 月 16 日），〈對美關係（六）〉，《蔣中正總統文物》，國史館藏，典藏號：002-090103-00007-135；顧維鈞著、中國社會科學院近代史研究所譯，《顧維鈞回憶錄》，第九分冊，頁 513。

〔註39〕秦孝儀總編纂，《蔣公大事長編初稿》，卷十一（臺北：中正文教基金會，2004 年初版），頁 107；呂芳上主編，《蔣中正先生年譜長編》，第十冊，頁 42，1952 年 4 月 16 日條；俞大維也曾表示 1951 年度的軍援計畫的項目，在 1952 年 4 月即可運往臺灣。見於顧維鈞回憶錄，第九分冊，頁 503。

〔註40〕呂芳上主編，《蔣中正先生年譜長編》，第十冊，頁 51，1952 年 4 月 30 日條。

〔註41〕*Tel.1458 from Taipei,* April 20, 1951. Foreign Relations of the United States, 1951, Korea and China (in two parts), Volume VII, Part 2, pp.1640~1641; *Tel.972 from Taipei*, February 3, 1952. Foreign Relations of the United States, 1952~1954, China and Japan (in two parts), Volume XIV, Part 1, pp.4~5.

〔註42〕又稱爲「白團」，由日本退役軍人岡村寧次號召，富田直亮（白鴻亮）領導的

斯抵達臺灣後，即在 1951 年 6 月 15 日，呈上一份考察國軍意見書。22 日，蔣中正審閱後，自記：「彼對政治部與聯勤部制度表示懷疑，而對日本教官問題未明言反對，但其教育訓練計畫要由其辦理，是意在其中矣。」〔註 43〕

27 日，蔡斯會見蔣中正報告來臺一月的工作狀況。會中談及日本教官，反對繼續聘用，蔣自記：「余未置答，擬間接轉答，其事先未曾明告我此一問題，故不便接受。不過軍隊訓練事，不妨礙美顧問之計畫耳。」〔註 44〕28 日，聽聞蔡斯要求將 32 師作爲美顧問首派之部隊，蔣殊覺爲難，因「以該師正由日教官積極訓練，第一期校閱方完，成績極優也」；並考慮「美顧問對日籍教官之排除問題的解決辦法頗久。」〔註 45〕蔣中正雖不滿意美軍顧問團對於此事的要求，但只能聽從之。

7 月 23 日，蔣召見日本軍官訓練團白鴻亮總教官，向其說明：「日籍教官今後之職務，若不在練軍，可在機關任幕僚，決不以美顧問之故而辭退日員也。」〔註 46〕蔣中正爲避免雙方不必要的衝突，這批日籍顧問團也在 1952 年遠離臺北市中心，移往石牌地區成立軍事組織色彩較爲淡薄的「實踐學社」，朝向地下化發展。〔註 47〕

臺美雙方亦曾在軍事預算編列上有所要求。美國政府認爲，唯有嚴格控管，才能讓蔣中正「聽話」。美軍顧問團來臺後，美國國務院即建議，要求中華民國提出一套控制所有經費支出，並建立雙方共同控管所有支出的方法。〔註 48〕雖然蔡斯與藍欽認爲中華民國政府已十分配合，不需要主動提出共同控管，蔣中正應會自行提出；藍欽亦在 7 月 20 日呈上一份備忘錄給蔣中正，指

軍事顧問團，1950 年至 1968 年間爲蔣中正訓練中華民國軍官進行講習之工作。關於白團的歷史可參見：野島剛著、蘆荻譯，《最後的帝國軍人：蔣介石與白團》（臺北：聯經出版公司，2015 年，初版）。

〔註 43〕呂芳上主編，《蔣中正先生年譜長編》，第九冊，頁 682，1951 年 6 月 22 日條。
〔註 44〕秦孝儀總編纂，《蔣公大事長編初稿》，卷十，頁 168；呂芳上主編，《蔣中正先生年譜長編》，第九冊，頁 683～684，1951 年 6 月 27 日條。
〔註 45〕呂芳上主編，《蔣中正先生年譜長編》，第九冊，頁 684，1951 年 6 月 28 日條。
〔註 46〕秦孝儀總編纂，《蔣公大事長編初稿》，卷十，頁 234；呂芳上主編，《蔣中正先生年譜長編》，第九冊，頁 696，1951 年 7 月 23 日條。
〔註 47〕野島剛著、蘆荻譯，《最後的帝國軍人：蔣介石與白團》，頁 225～231。
〔註 48〕*Memorandum, Rusk to Cabot*, June 6, 1951. Foreign Relations of the United States, 1951, Korea and China (in two parts), Volume VII, Part 2, p.1702; *Tel.1389 Toisa to Taipei*, June 22, 1951. Foreign Relations of the United States, 1951, Korea and China (in two parts), Volume VII, Part 2, p.1715.

出美方希望能嚴格控管所有支出。〔註49〕對此，蔣自記：「美國務院最近密令其駐臺軍經各員，先在掌握我軍事、財政之統制權，再言其他。可知其用心之險，巨測至此，能不戰慄。」〔註50〕

7 月 31 日，美方提出爲避免中華民國政府財政赤字，請行政院無限期延緩徵兵執行。次日，蔣中正聞之，「殊爲痛憤」；召集開會研商，最後決定「不能改變命令，據理抗爭，否則今後政府不可爲矣。」並明告曰：「美員如幼孩，若非其政策所決定如此者，則依理駁斥，彼亦順從也；惟最要提出證據，則更易折服矣。」〔註51〕協商結果，同意緩徵 3,000 餘名，另將前年徵集 4,600 餘名之上士兵員暫予遣散，以示尊重美方之建議。〔註52〕

9 月 21 日，蔣中正接受美軍顧問團參加編訂軍事預算與會計工作，眾人多反對，以此爲干預內政、監督財政之事，蔣稱：「於我行政效能與核實收支有益也。故批准照辦，以我軍費支出向不能核實，亦不能澈底整頓，只有此舉，方能核實澄清也。」〔註53〕10 月 12 日，正式答覆藍欽，建議由行政院底下之財經小組委員會審查各層級預算，〔註54〕並呈請核准；同時也要求各年度的收支報表要定期向財經小組委員會報告。〔註55〕此辦法能使軍事預算由

〔註49〕 *Tel.1803 from Taipei*, June 30, 1951. Foreign Relations of the United States Foreign Relations of the United States, 1951, Korea and China (in two parts), Volume VII, Part 1, p.1722; *Tel.42 Toisa to Taipei*, July 13, 1951. Foreign Relations of the United States, 1951, Korea and China (in two parts), Volume VII, Part 1, pp.1750; Tel.92 from Taipei, July 20, 1951. Foreign Relations of the United States, 1951, Korea and China (in two parts), Volume VII, Part 2, p.1750.

〔註50〕 呂芳上主編，《蔣中正先生年譜長編》，第九冊，頁 699，1951 年 7 月 31 日條。

〔註51〕 秦孝儀總編纂，《蔣公大事長編初稿》，卷十，頁 241～242；呂芳上主編，《蔣中正先生年譜長編》，第九冊，頁 700，1951 年 8 月 1 日；「黃少谷呈周宏濤葉公超與藍欽談話記錄」（1951 年 8 月 7 日），〈對美國外交（九）〉《蔣中正總統文物》，國史館藏，典藏號：002-080106-00031-017。

〔註52〕 「徵兵問題之爭執」（1951 年 8 月 11 日），《外交部檔案》，國家發展委員會檔案管理局藏，檔號：A303000000B/0040/422.5/1。

〔註53〕 秦孝儀總編纂，《蔣公大事長編初稿》，卷十，頁 290；呂芳上主編，《蔣中正先生年譜長編》，第九冊，頁 718，1951 年 9 月 21 日條。

〔註54〕 1951 年美援恢復，爲加強中央與地方、機關與機關之間有關財政、經濟業務關係及美援運用之計畫，於該年 3 月在行政院下設立財政經濟小組委員會。1953 年 7 月 1 日，改組爲行政院經濟安定委員會。

〔註55〕 *Tel.495 from Taipei*, October 13, 1951, Foreign Relations of the United States, 1951, Korea and China (in two parts), Volume VII, Part 2, p.1814; *Tel.504 from Taipei*, October 17, 1951. Foreign Relations of the United States, 1951, Korea and China (in two parts), Volume VII, Part 2, p.1832.

國防部與美軍顧問團共同訂定。〔註56〕此監督辦法，有效地降低蔣中正個人干預的可能，使得美國政府較為放心的進行對於軍援計畫。

總結而言，直至 1952 年初，美國與中華民國的軍事合作逐漸步上正軌，美軍顧問團給蔣中正 1951 年年終報告書中，將國軍戰鬥力與美軍標準相比，百分比率為：陸軍 15%；空軍 25%；海軍 10%；但也解釋，待 1952 年軍援到達後，配合美軍顧問團的訓練，其戰鬥潛力是值得期待的。〔註57〕藍欽於 1952 年 6 月 23 日，返美述職，並在美國國務院發表備忘錄，提出四點建議，認為美國政府應致力於：1、改善中華民國政府軍事及經濟方面的效能。2、改善其行政，以備將來在中國大陸恢復權力。3、以 1946 年憲法為基礎改善中國政府的政治形勢。4、改善對自由世界說服的技巧，使其相信中華民國政府業已進展到值得廣泛的同情與支持。〔註58〕由蔡斯與藍欽的報告中，可知美國政府對蔣中正政府信賴程度逐漸提升。

第二節　第三次援韓參戰之議

一、運用國軍之討論

由於韓境停戰談判陷入僵局，美方與蔣中正政府軍事合作關係又逐漸穩固，美國內部對於動用國軍以牽制中共聲音越來越多。1952 年為美國總統選舉年，停戰協商延宕不前，讓美國人民對執政之民主黨不願擴大韓戰的策略，感到相當不滿。有意角逐總統候選人的共和黨參議員塔夫脫（Robert Alfonso Taft）曾向顧維鈞表示，他主張用國軍來分散中共的兵力，以減輕他們在朝鮮的壓力。〔註59〕

〔註56〕此辦法通過後，財經小組委員會第 35.36 次會議便討論在國防部下設立軍事工程委員會以統籌督導美援項下之軍事工程計畫，內容也提到委員會中將請美軍顧問團、美經合分署、行政院美援運用委員會及懷特公司擔任顧問。內容可參見：〈財經小組決議在國防部下設立軍事工程委員會以統籌督導美援項下之軍事工程計畫（第 35、36 次會議）〉，1951 年 10 月，《行政院經濟安定委員會》，中央研究院近代史研究所檔案館藏，館藏號：30-01-003-1-022。

〔註57〕吳淑鳳等編輯，〈美國軍事援華顧問團團長蔡斯一九五一年年終報告書〉，《中華民國政府遷臺初期重要史料彙編：中美協防（二）》（臺北：國史館，2014 年，初版），頁 391。

〔註58〕Karl L. Rankin 著、徵信新聞報編譯室譯，《藍欽使華回憶錄》頁 116～117。

〔註59〕顧維鈞著、中國社會科學院近代史研究所譯，《顧維鈞回憶錄》，第九分冊，

　　對於美國輿論傾向支持動用國軍，蔣曾稱：「近日美國輿論要求其政府解除臺灣中立化，與協助我光復大陸，推倒毛匪偽政權之呼聲與日俱增，而其政府對韓國停戰不成時之軍事準備，似已趨積極矣。」〔註60〕

　　蔡斯 2 月回美述職，向美國政府報告中華民國的進步與要求加速運交對臺灣的軍援，亦曾向顧維鈞表示國軍士氣與質量都有相當程度的提升；甚至透露曾向蔣詢問過，利用這批部隊協助法國人，制止中共入侵中南半島的可能，蔣則回答無所行動。〔註61〕顯示出蔡斯對於運用國軍有其構想。

　　美國政府亦開始認真研究在臺灣以外地區使用中華民國部隊的可能性。根據 1951 年 5 月通過 NSC 48/5 號文件中，已經決定研擬封鎖中共沿海或是對中國境內的目標採取軍事行動，讓國軍參與也在討論之中。但隨著停戰談判開始，暫時擱置。

　　直至 1952 年春天，美國政府認真評估這些行動，先後陸續透過幾位官員與將領訪臺，與蔣中正協商共同出兵的可能。

　　美國政府為了準備運用國軍於朝鮮半島或中國大陸沿海地區的計畫，請太平洋司令部評估需要提供之援助成本。〔註62〕因此，為確認中華民國軍隊的戰力狀況，1952 年期間美國政府官員與軍方將領陸續到訪臺灣，與蔣中正會談。

　　3 月 26 日，美國國家安全會議特使美爾（Frank D. Merrill）訪臺，會見蔣中正，商談軍事計畫，蔣自記：「彼稱半年以來，國務院對我政策確已根本改變，現在惟恐我持重保守，不肯冒險反攻耳。」蔣聽聞後，稱：「余聞此甚覺駭異，但究其內心，認為可信，故余以實情告之。」〔註63〕可知蔣中正對於美方態度的轉變感到詫異，後再自記：「美爾啣命秘密來訪，對於其世界大戰之計畫與時期雖未曾吐露，但其對我政策之轉變與對我國軍之運用方針正在積極準備之中，乃可斷言。」〔註64〕

　　頁 518～519。

〔註60〕呂芳上主編，《蔣中正先生年譜長編》，第十冊，頁 20，1952 年 2 月 16 日條。

〔註61〕顧維鈞著、中國社會科學院近代史研究所譯，《顧維鈞回憶錄》，第九分冊，頁 513～514。

〔註62〕張淑雅，《韓戰救臺灣？解讀美國對臺政策》，頁 189。

〔註63〕秦孝儀總編纂，《蔣公大事長編初稿》，卷十一，頁 69；呂芳上主編，《蔣中正先生年譜長編》，第十冊，頁 33～34，1952 年 3 月 26 日條。

〔註64〕秦孝儀總編纂，《蔣公大事長編初稿》，卷十一，頁 69；呂芳上主編，《蔣中正先生年譜長編》，第十冊，頁 36，1952 年 3 月 29 日條。

　　雙方會談內容則談及了對於運用國軍的可能方針，蔣曾擬定會談要旨：「甲、海南島無法反攻，此爲最下之策。乙、參加越南剿共，只以現駐越南被俘之數二萬人爲限，與臺灣部隊交換乃可一戰。丙、願參加韓戰，以五萬人爲度。丁、要求其共同反攻大陸是爲上策。」〔註65〕

　　但此次會談結果似乎並無太多共識，「二十時約美爾作最後談話，詳詢其韓戰與助我反攻時期，多無邊際，但余仍以誠意待之。」〔註66〕蔣也認爲美爾秘密來臺，可斷定「其對華政策眞已改變矣。」〔註67〕

　　另據總統府秘書周宏濤指出，美爾與蔣中正會面，曾遞出一份機密文件，內容爲：「一、盟國各種部隊，將不用來對大陸作戰，即使第三次世界大戰爆發亦然；當前可以推知的是，乃在於任何情況下，海空軍及物資的援助將屬可能。二、如韓境和談破裂，則將盡可能協助國民政府收復大陸。」〔註68〕然而，美爾此次的到來，周至柔在20日向蔣中正呈上相關消息：

> 一、在東京與李彌接談結果，已允許每月對李部七萬五千美元之補助，並儘先予以裝備，其秘書泰爾斯（Col. Theis）於19日與李彌同來臺北。二、美遠東情報局克拉克將軍（Gen. Clerek）等與摩利爾〔即美爾〕在東京會商結果，擬建議於六星期內著手封鎖中國大陸全部海岸，並利用我國軍佔領海南島，以牽制匪軍進出東南亞及對北韓之增援。廿五日來臺晉謁鈞座，其目的爲先徵請我方之同意。〔註69〕

美爾與在東京與滇緬邊境領導反共救國軍的李彌會面，〔註70〕要求李彌領導的部隊，撤退到臺灣，或用它們來攻擊海南島。李彌稱這些事項，只有蔣能決定，蔣中正則回應李彌的軍隊應該繼續留在滇緬邊境，也與蔣所擬定方針相符。〔註71〕

〔註65〕秦孝儀總編纂，《蔣公大事長編初稿》，卷十一，頁69，1952年3月25日條。

〔註66〕呂芳上主編，《蔣中正先生年譜長編》，第十冊，頁33～34，1952年3月27日條。

〔註67〕呂芳上主編，《蔣中正先生年譜長編》，第十冊，頁38，1952年3月31日條。

〔註68〕周宏濤口述、汪士淳著，《蔣公與我——見證中華民國關鍵變局》（臺北市：天下遠見出版社，2003年初版），頁215～216。

〔註69〕「周至柔呈蔣中正美爾即將來臺消息」（1952年3月20日），〈中央情報機關（四）〉，《蔣中正總統文物》，國史館藏，典藏號：002-080102-00013-008。

〔註70〕滇緬邊境之反共救國軍是1949年國共內戰後由李彌領導的第八軍第二三七師及余程萬率領的第二十六軍第九十三師，李彌將軍時期領導的過程可參見：覃怡輝，《金三角國軍血淚史：1950～1981》，頁53～180。

〔註71〕Richard Michael Gibson (Author), Wen H. Chen (Contributor), *The Secret Army:*

　　對於攻打海南島一事，蔣中正早在 1951 年 12 月 20 日，即收到美國前第七艦隊司令柯克建議收復海南島之條陳，蔣中正稱：「此必英、法所主動，而令美國要求我爲其作犧牲品也。」〔註 72〕由此可知，蔣中正對於美方美國有意運用國軍攻打海南島一事，早已有所掌握。

　　然而，美方對於直接運用國軍於朝鮮半島與中國大陸本土仍是有所顧忌，但用於大陸沿海的騷擾行動則是傾向正面態度。因爲由中情局主持成立的西方公司，秘密訓練臺灣游擊隊，執行沿海騷擾任務獲得良好的評價，〔註 73〕甚至連一向反對動用國軍的美國國務院，也曾表示應默許這些騷擾行動。〔註 74〕美爾返美後，也向中情局副局長杜勒斯（Allen Dulles）報告，這些游擊隊已有能力進行更高層級的行動。〔註 75〕

　　5 月 9 日，美國太平洋艦隊司令雷德福（Arthur William Radford）上將訪臺，對於進攻海南島一事，有了更進一步的討論。蔣、雷軍事會談中，談及了關於海南島與反攻大陸方案，雷德福表示對海南島甚感興趣，因其在軍事上甚爲重要，並稱：「中共如發兵侵越，吾人即應立刻進攻海南，美國欲以海空軍支援總統麾下之國軍，發動此項攻勢。」

　　蔣則認爲目前收復海南島，不甚適宜。因「此項攻勢，至少需動用十個師之兵力，約十五萬人」；且「以此兵力攻下海南以後，在一年之內，總尚不能肅清內部。」而臺灣方面，「則因防守部隊減爲一半，萬一共匪於此時來攻，即甚危險。」

　　雷德福稱美國提出，請國軍進攻海南，當然對於臺灣防務，負全部責任，並對於蔣稱 10 師兵力不能肅清海南內部，是否爲「係因海南居民，多爲中共份子或同路人之故？」蔣回應稱中共在海南有十年至十五年之歷史。海南因此爲全國赤化最烈省份之一；並另外指出不宜進攻海南理由爲士氣問題，「國

Chiang Kai~shek and the Drug Warlords of the Golden Triangle (Singapore: John Wiley & Sons (Asia) Pte. Ltd, 2011), pp.118~119.

〔註 72〕呂芳上主編，《蔣中正先生年譜長編》，第九冊，頁 759，1951 年 12 月 20 日條。

〔註 73〕關於西方公司韓戰期間在臺灣活動情形，指揮沿海騷擾行動與指揮滇緬邊境之軍隊執行任務。可參見：翁臺生，《CIA 在臺活動祕辛：西方公司的故事》（臺北市：聯經出版社，1993 年初版第四刷），第二至四章。

〔註 74〕*Memorandum, R.E. Johnson to Clubb on Nationalist Raids Against the Mainland*, June 4, 1951. Foreign Relations of the United States, 1951, Korea and China (in two parts), Volume VII, Part 2, pp.1698~1670.

〔註 75〕張淑雅，《韓戰救臺灣？解讀美國對臺政策》，頁 194～195。

軍若知反攻大陸，士氣必然高昂，一人可抵兩人用，如攻海南，則士氣必然低落，兩人僅作一人用。」

雷德福也提及美國協助國軍的主要目的，「欲使其成爲中共最大及經常之威脅。因若有卅萬精兵在臺灣，中共即需以二百萬部隊，拒守其四千哩之海岸線。」蔣也強調進攻海南，不如助其反攻大陸，並指出國軍登陸後，若能堅守三到六個月，確信大陸人民必將奮起，共抗中共。〔註76〕

蔣中正對於海南島的態度，孫立人曾在 1954 年 3 月呈上一份「收復海南意見書」，蔣稱：「海南島縱使能以收復，也不是我的。」〔註77〕可見蔣對於海南島，或許同於 1950 年，決定撤離海南島時的想法。對此，時任會議紀錄員的總統侍從秘書沈錡，曾自記：「現在回想起來，蔣公的堅持先攻大陸，可能是情緒問題，事實上，他應該知道美方是不會同意的。假定蔣公接受了美方的建議，先拿下海南島，那麼今天我們的國際地位，可能要好一些。」〔註78〕

另俞大維亦曾言，蔣中正反對進攻海南島，原因爲這至少需要 5 萬兵力，而這部分兵力可以更有效地運用於廣州地區，同時後方勤務也很困難。顧維鈞則稱，佔領海南島是美國海軍所期望的，而非陸軍。〔註79〕

雖然雙方對於海南島一事未取得共識，但雷德福返美後，向顧維鈞表示，此次訪臺對於中華民國政府領導人，與國軍戰力的印象極佳；並稱此趟返美的目的，是向其政府說明，可利用國軍在中國大陸東南沿海的牽制力，並加速對臺的軍事援助，使其更具牽制力。〔註80〕顧維鈞亦向蔣中正報告此事，提及雷德福個人意見表示應利用我方軍隊，經援部分則助我發展經濟以期自給，並表示秋季會再度訪臺。〔註81〕

〔註76〕「蔣中正與雷德福會談記錄」（1952 年 5 月 9 日），〈對美國外交（十一）〉《蔣中正總統文物》，國史館藏，典藏號：002-080106-00033-005。

〔註77〕「孫立人函呈蔣中正攻取海南有利條件等腹案」（1954 年 3 月 12 日），〈軍事——孫立人呈蔣中正函稿〉，《蔣經國總統文物》，國史館藏，典藏號：005-010202-00093-001；沈克勤編著，《孫立人傳（下）》（臺北市：臺灣學生書局，1998 年初版），頁 684～684。

〔註78〕沈錡，《我的一生——沈錡回憶錄》（臺北市：聯經出版社，2000 年初版），頁112～113。

〔註79〕顧維鈞著、中國社會科學院近代史研究所譯，《顧維鈞回憶錄》，第十分冊（北京：中華書局，1989 年初版），頁 270。

〔註80〕顧維鈞著、中國社會科學院近代史研究所譯，《顧維鈞回憶錄》，第九分冊，頁 551。

〔註81〕「顧維鈞自華盛頓致蔣中正電」（1952 年 6 月 14 日），〈對美關係（六）〉，《蔣

　　7 月 7 日，駐美大使館舉辦宴會，與會嘉賓包括海軍部長、空軍副部長與眾多陸海軍將領，眾多將領皆認為美國政府對中華民國與國民黨的態度有所轉變，更稱中國國民黨為「在我們共同反對共產帝國主義鬥爭中的最忠實的盟友。」〔註82〕顧維鈞亦趁宴會期間，收集情報向蔣報告韓戰局勢，「曾言聯合國軍總司令克拉克、海軍總司令雷德福及空軍總司令魏倫均以應付韓戰頗感後備兵不足，均主張商用我國軍前往參戰。杜魯門總統頗為動容，似與前此態度不同云。」〔註83〕次日，再電告蔣：「據報美太平洋艦隊司令賴德福（雷德福）主張，首先助我攻佔海南島，意欲鞏固越南，其視調參與韓戰為第二步。」〔註84〕可看出雷德福對於調用國軍的企圖相當強烈。

　　7 月 20 日，又有美方高級將領訪臺，為美國海軍軍令部長費克特勒（William Fechteler）上將。訪臺期間曾參觀陸空聯合演習，並舉行軍事會報。會中，費請教對韓戰不能停戰時最妥善之辦法，蔣直告「由中國國軍進攻大陸也」；並明告其「國軍決不願負進攻海南島任務，切望其不作此建議或計畫也。」〔註85〕

　　23 日，周至柔、王世杰報告費克特勒來臺參觀之感想：「國軍優良程度出乎其預想之外，而與陸軍參謀長去年之報告殊大不同。」蔣則稱：「可知其陸軍對華，事事皆有成見也。」〔註86〕

　　美國軍方之所以對國軍有所期望，應與韓戰僵持局面發生變化有關。中共在 1952 年 5 月拒絕聯合國所提出的依戰俘志願遣返問題，認為聯軍所聲稱戰俘志願回歸共方比例過低，有扣留戰俘嫌疑，堅持全數遣返，雙方僵持不下，〔註87〕杜魯門更發表聲明稱：「我們決不用遣送這些人供屠殺或奴役的辦

　　　　中正總統文物》，國史館藏，典藏號：002-090103-00007-162。
〔註82〕顧維鈞著、中國社會科學院近代史研究所譯，《顧維鈞回憶錄》，第九分冊，頁 567。
〔註83〕「顧維鈞自華盛頓致蔣中正電」（1952 年 7 月 8 日），〈對美關係（六）〉，《蔣中正總統文物》，國史館藏，典藏號：002-090103-00007-140。
〔註84〕「顧維鈞自華盛頓致蔣中正電」（1952 年 7 月 9 日），〈對美關係（六）〉，《蔣中正總統文物》，國史館藏，典藏號：002-090103-00007-164。
〔註85〕秦孝儀總編纂，《蔣公大事長編初稿》，卷十一，頁 217；呂芳上主編，《蔣中正先生年譜長編》，第十冊，頁 78，1952 年 7 月 20 日條。
〔註86〕呂芳上主編，《蔣中正先生年譜長編》，第十冊，頁 78。
〔註87〕周琇環、張世瑛、馬國正訪問；周維朋記錄，《韓戰反共義士訪談錄》（臺北市：國史館，2013 年初版），頁 42～44。

法來購買一個停戰。」〔註 88〕可見對於戰俘問題的堅持。此時，剛接替李奇威擔任盟軍總司令的克拉克（Mark Clark）將軍，6 月下令對北韓發電設施進行轟炸以便施加軍事壓力。〔註 89〕

美國參謀長聯席會議於 5 月 14 日，雷德福訪臺幾天後，立即開始規劃將國軍使用於韓國與臺灣以外的地區。克拉克也對國軍興趣相當高，克拉克提出使用國軍的幾項優點：（一）在韓國使用亞洲的軍隊，能夠進一步強調「自由東方人決心抵抗侵略共產主義」；（二）使聯軍部隊能夠透過輪調獲得休息，以恢復士氣和戰鬥力；（三）能夠充實第八軍團的儲備，增強其對曠日持久的作戰能力；（四）能夠獲得完善的培訓和國軍部隊之士氣；（五）或許有機會能降低中共的戰鬥意志，並使其倒戈；（六）能使美軍在日本能夠重新部署，從而增加遠東司令部的儲備戰略空間。

並透過太平洋司令部，詢問蔡斯的意見，蔡斯認爲若要動用國軍參戰，推薦第 67 軍，但仍需要額外的裝備，在完成訓練前，並不贊成將其派至韓國。克拉克則表示願意提供原先配置給日本與韓國的裝備部分給予國軍，並對東方國家的戰力給予高度評價。聯席會議在 8 月 5 日也給予政府建議，認爲利用已訓練與裝備完成的第 67 軍參與韓戰是有利的。〔註 90〕

然而，杜魯門政府對於動用國軍一事仍然相當謹慎，國務院認爲若讓蔣中正的部隊參戰，將會破壞停戰的可能；並指出給予國軍額外的裝備所花費的成本並不會低於美軍，因爲在運輸及醫療成本也需額外花費。〔註 91〕

軍方與杜魯門政府的態度分歧，在 9 月 24 日會議中更清楚看出。此次會議討論韓戰之時，聯席會議與費克特勒等軍方人士，均認爲應給予共方更多的軍事壓力；並稱美方尚未充分使用其手中可用的資源，使用中華民國部隊是非常安全的，只要美國的空軍與海軍箝制著中華民國部隊，他們哪裡都去

〔註 88〕 Harry S. Truman 著、李石譯，《杜魯門回憶錄，第二卷：考驗和希望的年代 1946
～1953》，頁 538～540。

〔註 89〕 轟炸行動從 6 月 24 日開始，轟炸電廠、交通與戰略要道，甚至轟炸北韓首都平壤，這期間蔣中正密切注意轟炸行動發展。可見呂芳上主編，《蔣中正先生年譜長編》，第十冊，頁 69～94。

〔註 90〕 James F. Schnabel and Robert J. Watson, *History of the Joint Chief of Staff , The Joint Chief of Staff and National Policy, Volume III 1951~1953, The Korean War Part Two*, pp.152~156.

〔註 91〕 James F. Schnabel and Robert J. Watson, *History of the Joint Chief of Staff , The Joint Chief of Staff and National Policy, Volume III 1951~1953, The Korean War Part Two*, pp.152~156.

不了。而共方也知道，美方隨時隨地都能做到。

　　杜魯門則表示聯合國會議即將開幕，以及美國總統大選也即將到來，在這時間點動用國軍，可能導致這兩件事的落空；國軍的價值在於上海與中國大陸沿岸，而非使用於韓國。艾奇遜則稱現在沒有足夠的軍事理由，需要送國軍兩個師到朝鮮半島上〔註92〕。

　　由這場辯論即可得知，即將結束任期的杜魯門政府，態度相當清楚，對於是否動用國軍參與韓戰一事，將留待下一任總統上任後決定。然而，美國總統大選前夕，停戰談判破局，朝鮮半島再度爆發戰事，已走向更加激烈的局面。新政府的上任，為中華民國參戰添上許多想像空間。

圖 4-1　雷德福訪臺與蔣中正會面合影

資料來源：沈錡，《我的一生——沈錡回憶錄》（臺北市：聯經出版社，2000 年初版）。

二、艾森豪當選總統

　　1952 年 9 月 24 日，杜魯門政府召開的軍事會議中，除了談及前述的動用國軍問題外，對於遣俘問題，會中決議，聯合國代表應向共方表達美方立場，

〔註92〕 *Memorandum by the Executive Secretary of the National Security Council (Lay) to the President,* September 24, 1952. Foreign Relations of the United States, 1952~1954, Korea (in two parts) Volume XV, Part 1, (Washington, D.C.: United States Government Printing Office, 1984), pp.532~538.

給予 10 天的時間考慮，如果共方拒絕，就主張無限期休會，休會期間則給予更多的軍事壓力。〔註93〕

　　然而，共方無懼美方給予的期限，在 10 月 8 日拒絕談判條件，聯軍按計劃無限期退出談判，並按照參謀長聯席會議的授權，著手施加無情的軍事壓力。同日，克拉克批准了第 8 集團軍司令符立德（Van Fleet）於 10 月 5 日提交的作戰計劃，此次進攻稱之爲「攤牌行動」（Operation Showdown），〔註94〕又稱作「上甘嶺戰役」。〔註95〕此次作戰自 10 月 14 日至 12 月 15 日，是爲韓戰開啓停戰談判以來，最爲激烈的一次戰鬥。〔註96〕

　　在此同時，美國正值總統大選，共和黨總統參選人艾森豪以解決「朝鮮、共產主義、貪污」（Korea, Communism, and Corruption）作爲口號，誓言「終結韓戰」。〔註97〕1952 年 11 月，順利當選，成爲美國第 34 任總統。其競選期間就曾許諾，如果當選，將會在 1953 年 2 月以前到朝鮮半島訪視。〔註98〕當選之後，兌現承諾，12 月 2 日隨即前往，並稱：「我們不能永遠停留在一條固定不變的戰線上，繼續承受看不到任何結果的傷亡。小山丘上的小規模進攻是不可能結束這場戰爭的。」〔註99〕意即唯有給予更大的壓力，戰爭才有結束的可能。

　　艾森豪當選，改變韓戰情勢，蔣中正是抱有期待。早在美國兩黨提名人確立之後，蔣中正曾稱：「美國兩黨總統候選人皆已提名，如共和黨勝利艾生豪當選於我國之協助仍爲有限，但比民主黨斯蒂文生當勝一籌。」〔註100〕

〔註93〕 *Memorandum by the Executive Secretary of the National Security Council (Lay) to the President*, September 24, 1952. Foreign Relations of the United States, 1952–1954, Korea (in two parts), Volume XV, Part 1, pp.532~538.

〔註94〕 James F. Schnabel and Robert J. Watson, *History of the Joint Chief of Staff , The Joint Chief of Staff and National Policy, Volume III 1951~1953, The Korean War Part Two*, pp.189~193.

〔註95〕 戰役地點位於朝鮮半島江原道金化郡五聖山地區，而美方與韓方稱之爲「三角高地戰役」。

〔註96〕 John Toland 著、孟慶龍等譯，《韓戰：漫長的戰鬥（下冊）》，頁 685。

〔註97〕 Michael S. Mayer, *The Eisenhower Years* (New York:Facts on File, 2008), p.188.

〔註98〕 Dwight D. Eisenhower 著、樊迪、淨海等譯，《艾森豪威爾回憶錄（二）》（北京：東方出版社，2008 年初版），頁 93；顧維鈞著、中國社會科學院近代史研究所譯，《顧維鈞回憶錄》，第九分冊，頁 623。

〔註99〕 Dwight D. Eisenhower 著、樊迪、淨海等譯，《艾森豪威爾回憶錄（二）》，頁 123。

〔註100〕 呂芳上主編，《蔣中正先生年譜長編》，第十冊，頁 83，1952 年 7 月 31 日條。

　　10 月初，葉公超準備赴美，參與第七屆聯合國大會，蔣中正指示訪美要
點：甲、臺灣中立化政策，於我未始無益，此時不必急求撤消。乙、對參加
韓戰問題，如美提出要求，則我只能派一師兵力為限，而以一師為預備隊，
準備輪流交換作戰。丙、大陸未恢復以前，余不願出國訪問任何國家。丁、
反攻海南島之建議，絕對反對。戊、軍援飛機與重武器延緩之原因，認為其
政府仍無誠意援華之表示。〔註 101〕

　　可看出蔣中正對派軍參戰與海南島問題，仍同於 5 月與雷德福交談結果。
在此同時，韓戰停戰談判無限期休會，美方 10 月 14 日展開「攤牌行動」。15
日雷德福隨即到訪臺灣，兩人再對國軍參戰一事交換意見，雷德福詢問是否
可用二師兵力參加韓戰，蔣回應：「余乃允其一師兵力，以另一師為預備隊，
在臺訓練準備，與前線一師交替作戰也。」雷德福希望其海軍便利關係，先
收復海南島之南部，蔣答：「余固卻之，以為不可能也。」〔註 102〕

　　次日，美國民主黨眾議員來訪，談及日前到訪朝鮮半島時，聯軍第 8 軍
團司令符立德擬建議運用國軍兩師派兵援韓一事，蔣中正在會談中，對於派
軍參戰語帶保留，表示韓國政府的態度與部隊只可派兩師；並指出若要派軍
參戰，美國必須優先給予臺灣空防的援助。〔註 103〕

　　10 月 25 日，蔣中正接見藍欽、美國國防部次長福斯特（William Chapman
Foster）與國防部長助理納希（Frank C. Nash），雙方就國軍支援越南與韓國作
討論。納希詢問請國軍入越助戰之效果，蔣回應：「中共只怕我軍反攻大陸，
不怕我國軍赴韓或赴越作戰；我軍作戰之發揮，亦只有在反攻大陸時始為充
分」。福斯特則詢問國軍赴韓助戰，是否無此需要。蔣指出派兵赴韓為另一件
事，並稱：「我軍赴韓助戰，決不致產生決定性之作用，我國軍入韓以後之唯
一好處當為更多中共士兵之投降，聯合國可獲得更多之俘虜。」〔註 104〕藍欽

〔註 101〕秦孝儀總編纂，《蔣公大事長編初稿》，卷十一，頁 251；呂芳上主編，《蔣中
　　　　　正先生年譜長編》，第十冊，頁 109，1952 年 10 月 7 日條。
〔註 102〕秦孝儀總編纂，《蔣公大事長編初稿》，卷十一，頁 257；呂芳上主編，《蔣中
　　　　　正先生年譜長編》，第十冊，頁 111，1952 年 10 月 16 日條。
〔註 103〕「蔣中正與美眾議員岳地會談記錄」（1952 年 10 月 16 日），〈軍事──蔣中
　　　　　正與美方將領談話紀錄（一）〉，《蔣經國總統文物》，國史館藏，典藏號：
　　　　　005-010202-00088-004。
〔註 104〕「蔣中正與美國防部官員會談記錄」（1952 年 10 月 25 日），〈軍事──蔣中
　　　　　正與美方將領談話紀錄（一）〉，《蔣經國總統文物》，國史館藏，典藏號：
　　　　　005-010202-00088-006。

也將此次會談結果向國務院回報。〔註105〕

　　11月4日，艾森豪當選總統，蔣中正感到十分振奮，認為對於外交形勢露出一線曙光，自記：「美國大選共和得勝，艾生豪當選，實予俄帝以最大之打擊，此世界自由之曙光，亦為四年來黑暗東方之一線光明也。」〔註106〕並致電在美國治療休養的蔣宋美齡，〔註107〕特別叮嚀其不可多談與中華民國有關之事。〔註108〕

　　蔣中正亦對於派軍援韓一事再度思考，對於參戰的條件，自記：

　　　　一、參加韓戰之條件，以如何能使臺防鞏固，中美共同防禦計畫之
　　　　確立為第一，其他為：甲、積極攻勢，打破陣地戰；乙、不中途妥
　　　　協；丙、不再製造第三勢力；丁、不干涉我內政與人事。二、對軍
　　　　援之希望與目的：甲、建立與共匪相等之空軍及重兵器部隊；乙、
　　　　增編二十個步兵師之武器與經費；丙、準備明年反攻大陸開闢韓戰
　　　　之第二戰場，使敵軍兩面應戰；丁、收復中韓全境，堵塞俄國東侵
　　　　之缺口。〔註109〕

10日，蔣中正再致電葉公超，關於政府派兵增援聯合國韓國戰場一事，前曾擬應可英、美及聯合國之請，派遣一個步兵師參加聯軍作戰。若美國及聯合國方面將來向我方提出此種要求時，自可照前示與以接洽。惟派兵之具體條件及其辦法政府尚未決定。〔註110〕

　　13日，顧維鈞致電蔣中正回報艾森豪當選後的美國情勢，指出艾森豪左右皆有建議商調國軍赴韓，以暫時應付美國人民；但也提醒蔣中正，艾森豪意在避免擴大戰事，若「我無美方物力援助之保證，亦祇可培儲實力等待時機不宜大量派軍赴韓。倘美方擬有具體提議，惟有商派象徵性部隊藉示一貫

〔註105〕 *Tel.436 from Taipei*, October 27, 1952. Foreign Relations of the United States, 1952~1954, China and Japan (in two parts), Volume XIV, Part 1 p.113.

〔註106〕 呂芳上主編，《蔣中正先生年譜長編》，第十冊，頁119，1952年11月5日條。

〔註107〕 蔣宋美齡1952年8月17日從檀香山轉往美國舊金山就醫與休養，見於：「蔣中正自臺北致蔣宋美齡電」（1952年8月15日），〈蔣中正致宋美齡函（七）〉，《蔣中正總統文物》，國史館藏，典藏號：002-040100-00007-002。

〔註108〕 「蔣中正自臺北致蔣宋美齡電」（1952年11月9日），〈蔣中正致宋美齡函（七）〉，《蔣中正總統文物》，國史館藏，典藏號：002-040100-00007-015。

〔註109〕 秦孝儀總編纂，《蔣公大事長編初稿》，卷十一，頁272；呂芳上主編，《蔣中正先生年譜長編》，第十冊，頁120～121，1952年11月13日條。

〔註110〕 「蔣中正自臺北致葉公超電」（1952年11月10日），〈對韓國外交（三）〉，《蔣中正總統文物》，國史館藏，典藏號：002-080106-00070-012。

合作之意，而免滋誤會。」〔註111〕

14 日，蔣記下對美政策：「應鎮定自重，事事當立於主動自主之地位，一以不倚不求出之。以今日臺灣已有自立之實力，不患無所用也」；以及對美交涉方式，應爲「概以堂堂正正出之，不宜多作側面工作爲惟一要道也。」〔註112〕由此即可看出蔣中正在艾森豪當選後，對美國的態度已有轉變；相較前兩次主動向美國請纓參戰，此次對於派軍參戰的態度更傾向於僅只是同意派軍，但並無積極心理。這也見於其後數日，蔣中正對於此事的思考。

17 日，蔣認爲應先向美國詢問清楚要求國軍參戰的目的：甲、是否爲反攻；乙、反攻之目標：子、爲擊退共匪驅出韓境乎；丑、向前推進至狹隘之守勢地區爲止乎；寅、派我軍任敵後登陸作戰乎；卯、僅增強現地防務，仍取守勢乎；辰、是否轟炸東北等七點，必須明瞭任務後，方能研究派遣兵力之大小；另主張「開闢第二戰場反攻大陸，使敵軍對兩面以上多方面應戰。」〔註113〕

蔣中正對於派軍一事相當謹愼，23 日特別致電蔣宋美齡，稱美國駐臺之外交與軍事人員至今絕未提及我軍援韓之事，故我方「亦無由答其不能援韓之事，可知其國務院之報告仍如過去之捏造，專在挑撥兩國感情也，請對方注意爲要」；至於對一般記者或通常問及我軍援韓意見，則我方皆說「從前我軍援韓之諾言至今仍爲有效，但我政府決不再自動請求援韓而已。」〔註114〕

蔣並自記：「覆妻電，此時應靜觀沈著，不可爲外人傳說所動搖。要在能自立自主，不可以人之喜怒爲轉移，以不顧本身之基本也。」〔註115〕

29 日，對來臺訪問的美國《生活》、《時代》、《幸福》雜誌主編時，蔣中正表達了他對艾森豪政府的期待，並自記：甲、對其新政府之希望，能如俄之接濟共匪者，接濟國軍反攻大陸；乙、解決韓戰之道，惟有能使國軍反攻大陸；丙、要望世界大戰之避免，亦惟有使國軍能消滅共匪；丁、對韓軍接

〔註111〕「顧維鈞自華盛頓致蔣中正電」（1952 年 11 月 13 日），〈我與聯合國〉，《蔣中正總統文物》，國史館藏，典藏號：002-090103-00001-259。

〔註112〕呂芳上主編，《蔣中正先生年譜長編》，第十冊，頁 121，1952 年 11 月 14 日。

〔註113〕秦孝儀總編纂，《蔣公大事長編初稿》，卷十一，頁 276；呂芳上主編，《蔣中正先生年譜長編》，第十冊，頁 121，1952 年 11 月 17 日。

〔註114〕「蔣中正自臺北致蔣宋美齡電」（1952 年 11 月 26 日），〈蔣中正致宋美齡函（七）〉《蔣中正總統文物》，國史館藏，典藏號：002-040100-00007-018。

〔註115〕呂芳上主編，《蔣中正先生年譜長編》，第十冊，頁 125，1952 年 11 月 26 日條。

替美軍之希望，亦必須有國軍反攻大陸方能達成也；戊、政治報告不過助其對中國失敗之經過獲得了解，但不能發表也。〔註116〕

　　1952 年 12 月 2 日，艾森豪親自赴朝鮮半島查看戰況，聯軍總司令克拉克在「攤牌行動」開始後，曾規劃 OPLAN 8-52 軍事計畫，內容是以海軍與空軍進攻中國大陸境內，並實施海上封鎖。這項計畫需要聯軍的三個師、韓軍的兩個師，以及中華民國軍的兩個師。

　　然而，這項計畫的討論因總統大選而暫時擱置，是否採用應由新總統決定。〔註117〕艾森豪抵達朝鮮半島後，即與克拉克等將領討論如何增進聯軍的戰力。其中使用國軍支援韓戰的構想被提出了，雖然大部分人都同意，從軍事角度看，國軍參戰是有幫助的，但也都認爲必須考慮到背後的政治因素。蔡斯前往韓國會見艾森豪，並向艾森豪報告：「蔣中正認爲他應該派軍到韓國。」〔註118〕

　　蔣中正聽聞艾森豪赴朝鮮半島視察，表達了高度的關注，自記：「艾生豪（艾森豪）在韓視察三日，至本周五日離韓，發表其巡視過程，飛關島換乘巡洋艦經威克島，至檀島開其政策會議，決定其對韓戰與遠東之政策乎。」〔註119〕

　　次日與自韓國返臺的蔡斯會面，聽取其與艾森豪會面之經過，稱：「余略告其如臺灣無一大隊噴氣式機來到，充實空防，確保安全，則無法談論派兵援韓也。」可知會談中有談及派國軍援韓一事，且蔣已將訴求重點，轉向增強空防。

　　接連數日，蔣中正密切針對派軍援韓一事，研究相關事務；對艾森豪即將擬定的政策，抱有相當高的期待。8 日，召開軍事會談，研究韓戰地圖。〔註120〕9 日，考慮援韓方針：一、以三個軍兵力投入韓戰，在敵後登陸，作韓戰

〔註116〕秦孝儀總編纂，《蔣公大事長編初稿》，卷十一，頁 283～284，1952 年 11 月 29 日條。

〔註117〕James F. Schnabel and Robert J. Watson, *History of the Joint Chief of Staff*, *The Joint Chief of Staff and National Policy, Volume III 1951~1953, The Korean War Part Two*, pp.192~193.

〔註118〕James F. Schnabel and Robert J. Watson, *History of the Joint Chief of Staff*, *The Joint Chief of Staff and National Policy, Volume III 1951~1953, The Korean War Part Two*, pp.193~194.

〔註119〕呂芳上主編，《蔣中正先生年譜長編》，第十冊，頁 128，1952 年 12 月 6 日條。

〔註120〕秦孝儀總編纂，《蔣公大事長編初稿》，卷十一，頁 286；呂芳上主編，《蔣中正先生年譜長編》，第十冊，頁 129，1952 年 12 月 8 日條。

決定性之解決，以提高我國際地位，並開創反攻大陸，解決亞洲共匪之契機。
二、以一個軍援韓，專爲協助決戰，但一俟戰局告一段落，皆即全部抽回，
或留韓一師以下之兵力。〔註 121〕

　　10 日，思考對美國交涉要領中，首要項目即是：「援韓與反攻大陸方略同
時討論與解決。」〔註 122〕11 日，對於最近美國政壇人物多主張用國軍反攻大
陸，認爲「此乃美國朝野對朱、毛處治之政策，已趨於一致矣，應如何應之，
不失機宜也。」〔註 123〕並自記：「美國兩黨領袖皆主張運用國軍，打擊共匪爲
其主要之政策，此於本週已發其端，亦爲從來所未有之新高潮也」；也「對援
韓將領之人選，以及部隊之調動，亦有所決定矣。」並對艾森豪即將與麥帥
會面，抱有期待，稱：「愛（艾森豪）、麥約會來往電文之發表示其對亞洲政
策之新的行動。」〔註 124〕

　　然而，艾森豪對於派國軍參戰一事，並不如蔣中正所期待；其幕僚對於
動用國軍參戰的討論中也提出反對使用國軍的理由，如所付出的成本與風險
太高，訓練與裝備成本不如直接提升韓軍兩個師效益更大。以及蔡斯從韓國
返臺，與蔣中正會談的結果，得知必須提供臺灣足夠的空防保障；以及南韓
總統李承晚並不願意國軍參戰等理由，認爲不應該使用國軍參戰。〔註 125〕

　　艾森豪對於韓戰的戰略思維不同於杜魯門的害怕戰爭擴大，相反地，他

〔註 121〕秦孝儀總編纂，《蔣公大事長編初稿》，卷十一，頁 286；呂芳上主編，《蔣中
　　　　　正先生年譜長編》，第十冊，頁 129，1952 年 12 月 9 日條。
〔註 122〕秦孝儀總編纂，《蔣公大事長編初稿》，卷十一，頁 286，1952 年 12 月 10 日
　　　　　條。
〔註 123〕秦孝儀總編纂，《蔣公大事長編初稿》，卷十一，頁 287，1952 年 12 月 11 日
　　　　　條。
〔註 124〕呂芳上主編，《蔣中正先生年譜長編》，第十冊，頁 130，1952 年 12 月 13 日
　　　　　條。
〔註 125〕*Memorandum by the Assistant Secretary of State for Far Eastern Affairs (Allison)
　　　　　to John Foster Dulles*, December 24, 1952. Foreign Relations of the United States,
　　　　　1952~1954, China and Japan (in two parts), Volume XIV, Part 1, pp.118~120：另
　　　　　李承晚對於不願意看到國軍參戰的原因在 1952 年 9 月時，與中華民國駐韓大
　　　　　使王東原會談時，其外交部長表示國軍如參戰，恐招致前方作戰之混亂，因
　　　　　前方發現中國人，及斷定爲敵人，又恐美人藉口亞洲戰爭，應由亞洲人自己
　　　　　打而做部分撤兵之準備。見於：「吳世英函蔣中正李承晚約見王東原晤談情形」
　　　　　（1952 年 10 月 9 日），〈對韓國外交（二）〉，《蔣中正總統文物》，國史館藏，
　　　　　典藏號：002-080106-00069-008；另外南韓駐美大使亦曾表示反對國軍參戰，
　　　　　因爲不願意牽扯進中國內戰的戰火延燒到朝鮮半島上，參見：顧維鈞著、中
　　　　　國社會科學院近代史研究所譯，《顧維鈞回憶錄》，第九分冊，頁 651。

認爲突破僵局的方式唯有增加軍事壓力，使共方面臨壓力下，尋求談和，才有停戰的可能。增加軍事壓力並不等同於擴大戰爭，而是藉由各項策略，迫使共方走向談和的道路。艾森豪也認爲韓戰已是防衛性戰爭，不需要冒著風險將衝突擴大爲一場全球戰爭的可能；另外停戰談判已經持續好幾個月，除非談判最終未能成功，聯軍才有需要不顧一切的危險去發動戰爭，以獲得勝利，但目前尚未到那個時刻。〔註126〕在這樣的思維底下，艾森豪對於中華民國，傾向牽制住中共的部隊即可。這項想法具體的實現，即爲上任後宣布解除「臺海中立化」。

　　至於動用國軍參與韓戰，將恐導致戰爭的擴大，艾森豪最終否決了這個選項。克拉克也坦承自己並無機會，向艾森豪傳達 OPLAN 8-52，這項能夠在韓戰獲勝的計畫，因爲艾森豪已不考慮如何獲得勝利，而只考慮著如何光榮的停戰。〔註127〕同樣的態度也可見於英國副外相勞伊德（Selwyn Lloyd）在12月26日飛往紐約，與即將接任新政府國務卿的杜勒斯（John Foster Dulles）會面。杜勒斯表示應該讓共方相信，如果他們介入中南半島，臺灣方面將會對海南島與大陸沿海發動攻勢；並擔保中華民國部隊的用途只做爲「嚇阻」之用。〔註128〕

　　另一方面，外交部長葉公超自10月前往美國，期間曾與眾多美國官員會面，11月25日，得知艾森豪政府對於派國軍參戰一事並無積極主張，軍方人士則多爲傾向支持，葉公超也認爲國軍參戰最終可能難以實現。〔註129〕

　　1953年1月2日，葉公超透過共和黨參議員諾蘭的引薦，與艾森豪、杜勒斯會晤，獲得明確表示，不在朝鮮半島使用國軍。〔註130〕葉公超也不主張國軍參戰，並對於鼓吹國軍參戰行動的諾蘭，與共和黨眾議員周以德（Walter H. Judd）感到不滿；自己卻無法阻止他們，因爲他們是與蔣中正友好的美國

〔註126〕Dwight D. Eisenhower 著、樊迪、淨海等譯，《艾森豪威爾回憶錄（二）》，頁123。

〔註127〕James F. Schnabel and Robert J. Watson, *History of the Joint Chief of Staff*, *The Joint Chief of Staff and National Policy, Volume III 1951~1953, The Korean War Part Two*, p. 193.

〔註128〕汪浩，《冷戰中的兩面派：英國的臺灣政策 1949～1958》（臺北市：有鹿文化，2014年初版），頁169～170。

〔註129〕「葉公超電外交部美國對韓戰之政策」（1952年11月25日），〈對韓國外交（三）〉，《蔣中正總統文物》，國史館藏，典藏號：002-080106-00070-012。

〔註130〕顧維鈞著、中國社會科學院近代史研究所譯，《顧維鈞回憶錄》，第九分冊，頁655～659。

政治家。〔註131〕

　　2 月 1 日，蔣中正審閱葉公超之報告，自記：「甲、我軍援韓問題並無主張；乙、望我收復海南過於反攻大陸；丙、臨時協防港九之擬議；丁、不願我有過分之要求；戊、不願我多征編臺灣兵；己、望我以小數軍隊反攻大陸，獲取民心與兵源；庚、對我空軍、海軍之援助不能多加供給；辛、未提遠東組織。」〔註132〕

　　蔣中正理解到艾森豪對國軍參戰一事並無主張，第三次派軍援韓的討論至此告一段落。1952 年 3 月，聯軍總司令克拉克訪臺，〔註133〕對於艾森豪決定做一補充，認為艾森豪不運用國軍參戰，係因「今日之韓戰，已不僅為軍事問題，而是政治、軍事、經濟各項問題之混合。亦非單純為韓國一國之問題，而是韓、臺、越三地區共同攸關之問題。」，蔣回答：「敝方的力量，即為貴方之力量，若閣下以為我應於何時派兵赴韓參戰，請隨時通知，當可照派一個師兩個師均可。」〔註134〕

三、「臺海中立化」解除

　　艾森豪政府雖然不同意直接動用國軍參戰，但透過中華民國給予中共軍事壓力，則是納入考量的。1953 年 2 月 2 日，艾森豪在國會咨文中，宣布解除臺海中立化：「這個命令，並不暗示我們這一方面具有侵略的意圖。但是，我們自無義務，保護一個正在韓境與我們作戰的政權。」〔註135〕

　　這項宣言引發各方不同的反應，美國國內大抵贊同這項宣言；而西方盟國大多表示不滿，認為此舉將會解除對蔣中正與其軍隊的限制，因而擴大戰

〔註131〕 *Memorandum by John Foster Dulles to General Dwight D. Eisenhower*, January 2, 1953. Foreign Relations of the United States, 1952–1954, China and Japan (in two parts), Volume XIV, Part 1, pp.125~126.

〔註132〕 秦孝儀總編纂，《蔣公大事長編初稿》，卷十二（臺北：中正文教基金會，2005年初版），頁 21；呂芳上主編，《蔣中正先生年譜長編》，第十冊，頁 151，1953年 2 月 1 日條。

〔註133〕 秦孝儀總編纂，《蔣公大事長編初稿》，卷十二，頁 72～73，1953 年 3 月 25日條。

〔註134〕「蔣中正與克拉克談話記錄」（1953 年 3 月 25 日），〈外交──蔣中正接見美方軍事將領談話紀錄（一）〉《蔣經國總統文物》，國史館藏，典藏號：005-010205-00108-004。

〔註135〕「艾森豪國會咨文中英譯文」（1953 年 2 月 2 日），〈對美國外交（十一）〉，《蔣中正總統文物》，國史館藏，典藏號：002-080106-00033-020。

爭。英國更表示對此決定相當遺憾，認爲無助於解決朝鮮衝突，並會有不幸的政治影響。〔註136〕艾森豪則認爲這項宣言的意義，在於提醒共方注意，僵持的時間即將結束了，韓戰或者結束，或者擴大到朝鮮以外。艾森豪深信此舉有助於戰爭的結束。〔註137〕

　　蔣中正在艾森豪於國會宣布解除臺海中立化前，已收到美方通知，內容強調第七艦隊仍繼續仍將繼續受命，防止任何以臺灣、澎湖爲對象，由中國大陸發動之攻擊；艾森豪也將聲明，此項命令並不隱含美國對任何方面具有侵略企圖。〔註138〕蔣對此一政策，「吾人認爲正確，而予以贊許」；〔註139〕然而，宣言當中，未提及不干涉國軍襲擊大陸，蔣認爲艾森豪是故意秘不公布，記稱：「此正合吾意也。」〔註140〕蔣宋美齡也致電蔣中正，提及與杜勒斯會晤，曾討論第七艦隊事及其他事，因怕事前洩漏，不便電告此次美方舉動；並請蔣「勿再發表任何意見。今英國等極力反對此舉，我方唯有暗中工作；且美方作用明顯，以注意亞洲來強迫歐洲各國互相團結。」〔註141〕

　　不過次日，蔣中正依然發表聲明：「余認爲艾森豪總統解除臺灣武裝部隊限制之決定，無論其在政治與軍事上，以及在國際道義上言，實爲美國最合理而光明之舉措。」但也強調中華民國的反攻行動，並不會要求美國以地面部隊協助：「中國決不要求友邦以地面部隊來協助我作戰，而且中國自來亦從

<hr />

〔註136〕汪浩，《冷戰中的兩面派：英國的臺灣政策 1949～1958》，頁 171；關於英國的反對聲音，蔣中正對此記曰：「愛克『解除臺灣中立化』之國情諮文發表以後，英國朝野驚惶失措，除其工黨一片反對惡聲以外，甚至倫敦泰晤士報社評亦竭力反對，且仍認中共匪黨爲友，而認我自由中國爲敵也。其最大原因乃爲美國此舉未先與英洽商也，因之惱羞成怒，至於此極，但其政府當局態度尚稱溫和，而邱吉爾對此未發一言，保守緘默也。」見於：秦孝儀總編纂，《蔣公大事長編初稿》，卷十二，頁 23；呂芳上主編，《蔣中正先生年譜長編》，第十冊，頁 154，1953 年 2 月 7 日條。

〔註137〕Dwight D. Eisenhower 著、樊迪、淨海等譯，《艾森豪威爾回憶錄（二）》，頁 158。

〔註138〕秦孝儀總編纂，《蔣公大事長編初稿》，卷十二，頁 19～20，1953 年 1 月 31 日條。

〔註139〕秦孝儀總編纂，《蔣公大事長編初稿》，卷十二，頁 19；呂芳上主編，《蔣中正先生年譜長編》，第十冊，頁 149～150，1953 年 1 月 31 日條。

〔註140〕秦孝儀總編纂，《蔣公大事長編初稿》，卷十二，頁 23；呂芳上主編，《蔣中正先生年譜長編》，第十冊，頁 154，1953 年 2 月 2 日條。

〔註141〕「蔣宋美齡自紐約致蔣中正電」（1953 年 2 月 3 日），〈對美關係（六）〉《蔣中正總統文物》，國史館藏，典藏號：002-090103-00007-183。

未作此要求，或存此幻想，此乃余敢爲我友邦鄭重聲明與保證者。」〔註 142〕
對這項宣言，仍認爲是艾森豪支持其反攻大陸的計畫。

在解除臺海中立化宣言之後，蔣中正原以爲有機會進行反攻計畫。1953
年 2 月 12 日接受美國合衆社的訪問，被問及反攻大陸與韓戰的關係，蔣中正
表示國軍若發動眞正的全面反攻，中共肯定無法長期的兩面作戰，如此方可
結束韓戰。〔註 143〕

然而，對艾森豪政府而言，解除「臺海中立化」並不是贊同中華民國反
攻，只是藉此給予中共軍事壓力；同時亦能加強對中華民國的限制，因爲解
除臺海中立化的意義，不僅是中華民國可以進攻中共，反之亦然。〔註 144〕在
艾森豪、杜勒斯與葉公超的會議中，杜勒斯即詢問葉公超對於解除臺海中立
化的意見。葉公超表示，若臺灣本身得到保護，他同意這個做法；並表示確
保住臺灣，使之成爲中共的潛在壓力，是最好的戰略。杜勒斯又問：有沒有
可能使蔣中正受到約束，葉公超則回應，此事困難重重。〔註 145〕另外，杜勒
斯在與英國副外相勞伊德的會談中，亦曾透露艾森豪可能改變臺海中立化的
政策，並保證不會幫助蔣中正反攻大陸，只作爲嚇阻之用。〔註 146〕

所以艾森豪宣布解除臺海中立化之後，卻更在與中華民國軍事的互動，
謀求限制國軍行動的自由。蔣中正第一時間就積極鼓吹中美合作的軍事計
畫。〔註 147〕當 2 月 7 日，美國國防部軍援局局長歐穆斯德（George Olmstead）
訪臺時，蔣中正特別提出成立聯合軍事組織的期望，稱：「中美雙方並無任何

〔註 142〕秦孝儀總編纂，《蔣公大事長編初稿》，卷十二，頁 25；呂芳上主編，《蔣中
　　　　正先生年譜長編》，第十冊，頁 152～153，1953 年 2 月 3 日條。
〔註 143〕秦孝儀總編纂，《蔣公大事長編初稿》，卷十二，頁 39～41，1953 年 2 月 12
　　　　日條。
〔註 144〕關於艾森豪宣布解除臺海中立化的策略是「放蔣」或是「限蔣」的討論，可
　　　　見張淑雅，《韓戰救臺灣？解讀美國對臺政策》，第九章，頁 206～228。
〔註 145〕顧維鈞著、中國社會科學院近代史研究所譯，《顧維鈞回憶錄》，第九分冊，
　　　　頁 658；*Memorandum by John Foster Dulles to General Dwight D. Eisenhower,*
　　　　January 2, 1953. Foreign Relations of the United States, 1952~1954, China and
　　　　Japan (in two parts), Volume XIV, Part 1, pp.125~126.
〔註 146〕汪浩，《冷戰中的兩面派：英國的臺灣政策 1949～1958》，頁 169～170；
　　　　Memorandum of Conversation, by Assistant Secretary of State for Far Eastern
　　　　Affairs (Allison), January 28, 1953. Foreign Relations of the United States,
　　　　1952~1954, China and Japan (in two parts), Volume XIV, Part 1, pp.128~130.
〔註 147〕呂芳上主編，《蔣中正先生年譜長編》，第十冊，頁 151～152，1953 年 2 月 1
　　　　日條。

共同作戰計畫與組織，如為敵人探知，定必形成笑話。希望此後能加改進，並希閣下向貴政府報告，俾得健全組織，應付未來局面。」〔註148〕

歐穆斯德返美後，也向當局建議了此事。〔註149〕3月17日，俞大維與顧維鈞的談話中，也傳達蔣中正成立聯合軍事組織的迫切希望。〔註150〕19日，顧維鈞與杜勒斯及遠東助理國務卿艾理生（John M. Allison）會談，表明中華民國期望與美國有共同聯合作戰的組織，杜勒斯認為這樣的建議很合理，艾理生則回應國務院與國防部已密切討論中。〔註151〕艾理生與杜勒斯的後續討論中，表示透過聯合作戰計畫，更能掌握中華民國的軍事行動。〔註152〕最終艾森豪政府同意太平洋艦隊與國軍能執行聯合防禦計畫，但若是未經美國同意而發起的進攻，美國將不會協助防禦，〔註153〕以圖有效限制國軍發動進攻的可能。

解除臺海中立化宣言後，美國政壇熱烈討論艾森豪政府意圖封鎖中共沿岸。〔註154〕蔣中正自記：「美國對封鎖大陸匪岸之準備，觀乎雷德福在其議會報告之言論，以及其各種行動，可信其在積極進行之中。」〔註155〕

〔註148〕秦孝儀總編纂，《蔣公大事長編初稿》，卷十二，頁30，1953年2月7日條；「蔣中正與歐穆斯德晤談記錄」（1953年2月7日），〈外交——蔣中正接見美方軍事將領談話紀錄（一）〉，《蔣經國總統文物》，國史館藏，典藏號：005-010205-00108-001。

〔註149〕「俞大維自華盛頓自蔣中正電」（1953年2月27日），〈對美關係（六）〉《蔣中正總統文物》，國史館藏，典藏號：002-090103-00007-189。

〔註150〕顧維鈞著、中國社會科學院近代史研究所譯，《顧維鈞回憶錄》，第十分冊，頁203。

〔註151〕顧維鈞著、中國社會科學院近代史研究所譯，《顧維鈞回憶錄》，第十分冊，頁206～207；*Memorandum of Conversation, by the Assistant Secretary of State for Far Eastern Affairs (Allison)*, March 19, 1953. Foreign Relations of the United States, 1952~1954, China and Japan (in two parts), Volume XIV, Part 1, pp.157~160.

〔註152〕*Memorandum by the Assistant Secretary of State for Far Eastern Affairs (Allison) to the Secretary of State*, March 25, 1953. Foreign Relations of the United States, 1952~1954, China and Japan (in two parts), Volume XIV, Part 1, pp.162~163.

〔註153〕*JCS 935782 to CINCPAC*, April 6, 1953. Foreign Relations of the United States, 1952~1954, China and Japan (in two parts), Volume XIV, Part 1, pp.172~174.

〔註154〕顧維鈞著、中國社會科學院近代史研究所譯，《顧維鈞回憶錄》，第十分冊，頁28～30。

〔註155〕秦孝儀總編纂，《蔣公大事長編初稿》，卷十二，頁30；呂芳上主編，《蔣中正先生年譜長編》，第十冊，頁155，1953年2月7日條。

　　但封鎖的傳聞，引起美國各界的反對，〔註 156〕對此蔣又評：「審閱布來滴淚〔布萊德雷，Omar N. Bradley〕對記者談話之後，徒使俄共對韓戰更無忌憚，而反多一層保障，對其韓戰場決不再有攻勢行動而已。」〔註 157〕

　　2 月 15 日，顧維鈞電告蔣中正美軍協防臺灣不包括沿海小島嶼、不協助進攻大陸。並指出美國海軍作戰部長費克特勒與中華民國海軍司令馬紀壯見面時，曾表示假如國民黨軍隊從臺灣對大陸發動進攻，那是國民黨政府的事，與美國無關；但若是中共主動進攻，美國海軍則會盡力幫忙。〔註 158〕蔣對於美方將領的言論，仍不深信，28 日認為：「可知不願自我單獨先行反攻，必須準備完妥，與彼全盤計畫、配合作戰。觀察其意態，予我海、空軍之掩護協助似無問題，此正適合於吾之意圖。」〔註 159〕可知蔣對於聯合作戰計畫，猶有所意圖。

　　然而，美方對於聯合軍事計畫所附帶的條件，又發生國務院將提出由聯合國託管臺灣的傳言，〔註 160〕讓蔣對於艾森豪，由樂觀期望逐漸轉為失望。4 月 10 日，對於託管論，自記：

> 國務卿於十日發放其對韓國分立為停戰之要旨，與將來臺灣由聯合國託管之秘密消息，以暗示其重要記者，社會輿論與國會皆為之嘩然。杜勒斯自前年主持其對日和會以來，其遺棄我國之卑劣行為，已甚明顯，此種政客投機之流不值一顧。但我臺灣前途多難於此可見，足增強吾人之警惕而已，但決不以此為悲憂也。〔註 161〕

〔註 156〕參議員塔夫脫表示封鎖政策會引發盟國如英、印的反對；參謀長聯席會主席布萊德雷則表示美國單獨執行封鎖，會分裂盟國並引起蘇聯參戰。見於：顧維鈞著、中國社會科學院近代史研究所譯，《顧維鈞回憶錄》，第十分冊，頁29～31。

〔註 157〕呂芳上主編，《蔣中正先生年譜長編》，第十冊，頁 159，1953 年 2 月 21 條。

〔註 158〕顧維鈞著、中國社會科學院近代史研究所譯，《顧維鈞回憶錄》，第十分冊，頁 34～36；「顧維鈞自華盛頓致蔣中正電」（1953 年 2 月 15 日），〈對美關係（一）〉，《蔣中正總統文物》，國史館藏，典藏號：002-090103-00002-231。

〔註 159〕呂芳上主編，《蔣中正先生年譜長編》，第十冊，頁 181，1953 年 2 月 28 日條。

〔註 160〕此傳聞由 1953 年 4 月 9 日之紐約時報華盛頓專欄報導，指出華府正考慮由聯合國托管臺灣以解決韓戰問題。最後證實此消息僅只是杜勒斯邀請記者晚餐時，記者對此提問時，杜勒斯回答這可能是解決辦法之一。白宮方面也對此傳言正式否認，顧維鈞於 4 月 10 日將訊息整理後，發電回外交部，向蔣中正報告。見於：顧維鈞著、中國社會科學院近代史研究所譯，《顧維鈞回憶錄》，第十分冊，頁 89～97。

〔註 161〕秦孝儀總編纂，《蔣公大事長編初稿》，卷十二，頁 82；呂芳上主編，《蔣中

15 日，接見藍欽時，向其表達不滿，稱：「美國國務卿杜勒斯赴中東與印度訪問，卻未來臺，令人失望」；「且彼既已提出臺灣託管論，美國亦應澄清。」藍欽婉言解釋，並說明兩國軍事合作亟待進行，蔣答：「我方希望得到貴方正式諒解，不發動任何對於美國最大利益不符之軍事行動。此點與解除臺灣中立化之事，極為攸關，理由亦極明顯。」〔註162〕

18 日，蔣悟及「中美聯合參謀機構之組織，彼意在控制我行動，而不在援助我聯合作戰也，於我究有益否，應再加考慮也。」。〔註163〕在 1953 年末的反省錄中，對於此事，猶有所感嘆：「美國對臺中立化之禁令，雖於二月間取消，而其實對我襲擊海岸與反攻大陸之限制，更為嚴格，可痛！」〔註164〕艾森豪政府解除臺海中立化的政策，反而限制了中華民國政府，其意圖只為增加對中共的軍事壓力，迫使其走向談和之路。此舉之效，加上 1953 年 3 月蘇聯領導人史達林的去世，使得韓戰邁向停戰之局面。

第三節　停戰談判與蔣中正之斡旋

一、南韓與美國之歧見

艾森豪政府上任之後，除了解除臺海中立化之外，更提出以核戰解決韓戰的可能，〔註165〕不斷地加強對中共的軍事壓力；又加上史達林的去世，使情勢有了轉變。1953 年 3 月 15 日，新任蘇聯領導人的馬林科夫（Georgi Malenkov）釋出善意，〔註166〕下達指令給中共與北韓，同意克拉克之停戰要

　　　正先生年譜長編》，第十冊，頁 180～181，1953 年 4 月 10 日條。

〔註162〕呂芳上主編，《蔣中正先生年譜長編》，第十冊，頁 181～182，1953 年 4 月 15 日條；「蔣中正與藍欽晤談記錄」（1953 年 4 月 15 日），〈外交──蔣中正接見美方代表談話紀錄（十七）〉，《蔣經國總統文物》，國史館藏，典藏號：005-010205-00079-006。

〔註163〕秦孝儀總編纂，《蔣公大事長編初稿》，卷十二，頁 90～91；呂芳上主編，《蔣中正先生年譜長編》，第十冊，頁 183～184，1953 年 4 月 18 日條。

〔註164〕呂芳上主編，《蔣中正先生年譜長編》，第十冊，頁 285，1953 年 12 月 31 日條。

〔註165〕Dwight D. Eisenhower 著、樊迪、淨海等譯，《艾森豪威爾回憶錄（二）》，頁 230。

〔註166〕馬林科夫在蘇維埃第四次會議中表示：「目前在有關國家相互同意的基礎上，沒有不能解決的問題，這適用於我們同所有國家，包括同美國的關係。對維護和平感興趣的國家都可以在現在和將來對蘇聯堅定的和平政策放心。」見

求。〔註 167〕3 月 26 日，中共同意 2 月 22 日聯軍所提出，遵守日內瓦公約，先遣返重傷與重病戰俘的意見，並願意恢復和平談判。〔註 168〕

4 月 11 日，雙方正式協定交換傷病戰俘。26 日，雙方重回板門店，開啓停戰談判。5 月 25 日，聯軍代表提出新方案，與共方數次討論，換俘問題遂達成協議。6 月 8 日，換俘協定簽訂，延宕多年的遣返戰俘問題終獲解決，韓戰也朝停戰之路邁進一大步。〔註 169〕

對於共方提出的恢復停戰談判，韓國總統李承晚在 4 月 9 日向艾森豪寫信抗議，認爲和平協議將使中共軍隊可以留在韓國。若是如此，南韓就認爲應該要求所有盟軍離開這個國家，那些願意一同往北打到鴨綠江的例外。〔註 170〕艾森豪立即回信，表示聯軍在朝鮮半島的行動，僅只是協助南韓擊退敵軍。這項任務已經完成，美國與聯合國並無義務，承諾以武力追求朝鮮半島的統一；並表示在體面的基礎上，達成協議，是雙方所追求的。〔註 171〕

眼見雙方對於遣俘問題逐漸達成共識，5 月 30 日，李承晚再向艾森豪表示，接受任何允許中共軍隊留在韓國的停火安排，都意味著「韓國願意接受判處死刑」；並要求美國在與共方簽訂停戰協定前，必須簽訂《美韓共同防衛協定》，以及增加南韓的軍備，與美軍之海、空軍須駐守於朝鮮半島上，以防共產黨再度侵略。艾森豪則回應，要求李承晚先接受停戰，美國才會與南韓簽訂如同過去美菲與美澳的安全協定。〔註 172〕美國與南韓之意見分歧，自此

於 John Toland 著、孟慶龍等譯，《韓戰：漫長的戰鬥》，下冊，頁 697。

〔註 167〕沈志華主編，〈毛澤東關於轉發南日在停戰談判中的發言致史達林電〉，《朝鮮戰爭：俄國檔案館的解密文件》，下冊，頁 1295～1300。

〔註 168〕John Toland 著、孟慶龍等譯，《韓戰：漫長的戰鬥》，下冊，頁 697；Dwight D. Eisenhower 著、樊迪、淨海等譯，《艾森豪威爾回憶錄（二）》，頁 231～232。另克拉克將軍 2 月 22 日信件內容可見沈志華主編，〈毛澤東關於轉發南日在停戰談判中的發言致史達林電〉，《朝鮮戰爭：俄國檔案館的解密文件》，下冊，頁 1278。

〔註 169〕關於雙方對於遣俘問題的爭論始末之過程討論，可見於：周琇環，〈韓戰期間志願遣俘原則之議定（1950～1953）〉，《國史館館刊》，第二十四期，2010 年 6 月，頁 45～88。

〔註 170〕John Toland 著、孟慶龍等譯，《韓戰：漫長的戰鬥》，下冊，頁 701；Dwight D. Eisenhower 著、樊迪、淨海等譯，《艾森豪威爾回憶錄（二）》，頁 232。

〔註 171〕John Toland 著、孟慶龍等譯，《韓戰：漫長的戰鬥》，下冊，頁 701；Dwight D. Eisenhower 著、樊迪、淨海等譯，《艾森豪威爾回憶錄（二）》，頁 232。

〔註 172〕Dwight D. Eisenhower 著、樊迪、淨海等譯，《艾森豪威爾回憶錄（二）》，頁 233～234。

陷入緊張關係。

6 月 18 日，李承晚爲干擾原訂於 20 日的停戰協定簽字儀式，下令釋放收留於釜山、大邱、仁川、光州、馬山等處韓籍反共戰俘，被釋者約共 2 萬 9 千餘名。〔註 173〕此舉引發喧然大波，停戰協定的簽訂儀式再度延宕。艾森豪對此，急電李承晚，表示他的行爲，已違反當初將南韓的三軍指揮權，授予聯軍總司令的命令；並表示若李承晚堅持這項方針，聯軍司令部將無法繼續共同行動，並且將會採取必要的步驟。〔註 174〕美國與南韓的關係更加惡化。

二、蔣中正之斡旋與韓戰停戰

蔣中正同樣不樂見停戰談判的恢復，4 月 15 日就曾致函給艾森豪，認爲蘇聯的和平攻勢的目的，是拖延時間，以鞏固新的領導集團的權力，並製造聯軍失和。蔣中正建議可以接受這項提案，但必須加諸時限，否則恐會讓蘇聯獲得主導權；〔註 175〕並稱：「韓戰和談之先，應主動提出韓國統一之根本問題是否承諾，再定和談之日期與限期也。如韓此次不能獲得統一，其將何以對美國爲韓戰而死傷之官兵，以及韓國之空前犧牲耶。」〔註 176〕可知蔣中正之態度與李承晚看法相同。

艾森豪則在 5 月回函：「自由世界如以爲共黨集團之似乎友好之行動動機不明，或甚至懷疑其行動虛僞，而堅持予以拒絕，則對世人所有之企望自負解釋之責。」並表示應給予其表示誠意之機會。另對韓國統一問題，則稱：「停戰後必須迅速發動政治磋商，以便促成在統一韓國內舉行自由選舉。」〔註 177〕

6 月 7 日，對於停戰問題，蔣再向艾森豪建議：「一、嚴格堅持聯合國爲朝鮮所訂的目標，即建立一個統一、獨立和民主之朝鮮；二、爲共同捍衛聯合國之目標，繼續給與韓國道義支持及軍事援助以確保其安全；三、確實兌

〔註 173〕〈駐韓大使館致電外交部檢呈「韓國停戰問題之發展」等文〉，周琇環編，《戰後外交史料彙編——韓戰與反共義士篇（一）》，頁 45～46。

〔註 174〕Dwight D. Eisenhower 著、樊迪、淨海等譯，《艾森豪威爾回憶錄（二）》，頁 236～237。

〔註 175〕秦孝儀總編纂，《蔣公大事長編初稿》，卷十二，頁 86～88，1953 年 4 月 15 日條。

〔註 176〕秦孝儀總編纂，《蔣公大事長編初稿》，卷十二，頁 86；呂芳上主編，《蔣中正先生年譜長編》，第十冊，頁 181，，1953 年 4 月 15 日條。

〔註 177〕秦孝儀總編纂，《蔣公大事長編初稿》，卷十二，頁 106～110，1953 年 5 月 14 日條。

現聯合國司令部代表於板門店談判中作出之保證，即停戰後舉行之任何政治會議之範圍應僅限於討論朝鮮問題。」蔣認為，相對於歐洲已有之北大西洋公約組織，美國亦應適時協助建立亞洲反共國家組織。〔註178〕

9日，蔣中正接見南韓駐華大使金弘一，稱：「面告其中韓兩國始終是同舟共濟之兄弟之邦，只要能助韓國統一與自由之事，余必盡我全力，決與韓國同存亡、共患難，毫不有所躊躇也。」〔註179〕並將其轉告李承晚總統。

聽聞李承晚釋俘事件後，蔣中正認為「是乃美國壓迫之結果，不能不出此最後之手段。李承晚實為韓國惟一之革命領袖也。」〔註180〕並思考如何協調韓美衝突。21日草擬「對韓、美協調與停戰問題解決之建議」，並認為「此為今日美國解決韓局惟一之途徑；但發表方式與利害影響，須從長考慮，此時發言更應慎重也。」〔註181〕次日，決定暫不公開，以私電方式勸告艾森豪，對此自記：

> 一、對愛克〔即艾森豪〕之勸告，此時似有必要不問其對我之觀念，以及警告之效果如何。二、為了問其前電之去電如何以及今日情形，他不能不注意我的態度，以今日李承晚之處境，與他如果失敗時最後之歸處，只有在我自由中國方是其惟一前途也。故決再電愛克，勸其再加忍耐，并運用其大智大能與大權，當機立斷，決與韓國在停戰協定以前簽訂互助安全協定，以堅定全世界弱小民族對其領導自由與扶助反共之信心，并達成韓戰停火之目的也。〔註182〕

可見蔣中正支持李承晚之意見，應由韓、美先簽訂安全協定，再談停戰協定。23日，蔣認為「考慮對韓局勢，不能不負責，主張，以促美國之態度改變。」於是再度致電艾森豪，勸其與南韓簽訂共同安全協定，並稱：「這樣的政策不僅會緩和朝鮮日趨緊張的局勢，而且會加強人們的信念，相信世界上弱小國家在

〔註178〕秦孝儀總編纂，《蔣公大事長編初稿》，卷十二，頁119～120，1953年6月7日條。

〔註179〕秦孝儀總編纂，《蔣公大事長編初稿》，卷十二，頁122；呂芳上主編，《蔣中正先生年譜長編》，第十冊，頁201，1953年6月9日條。

〔註180〕呂芳上主編，《蔣中正先生年譜長編》，第十冊，頁205～206，1953年6月20日條。

〔註181〕秦孝儀總編纂，《蔣公大事長編初稿》，卷十二，頁128；呂芳上主編，《蔣中正先生年譜長編》，第十冊，頁206，1953年6月21日條。

〔註182〕秦孝儀總編纂，《蔣公大事長編初稿》，卷十二，頁128；呂芳上主編，《蔣中正先生年譜長編》，第十冊，頁206，1953年6月22日條。

維護自由和擺脫奴役中，正得到閣下的領導。」〔註183〕也對於南韓的境遇，感嘆道：「帝國主義之強權政治，無非一丘之貉，不過其程度有其差別耳。吾爲李危，而更爲己危，故不能不爲之努力暗助，以救其危而促其成也。」〔註184〕

然而，蔣中正居中斡旋的舉動，卻引起杜勒斯的不滿。24日，杜勒斯看過蔣中正的來電後，立即草擬一份通知給藍欽。杜勒斯在電文中，認爲李承晚作出這些舉動的靠山，即是蔣中正；要求藍欽應立即向蔣中正表明李承晚的企圖將不會成功。若李承晚繼續堅持，將使聯軍從南韓撤退，南韓將會付出災難性的代價，並將影響美國對臺灣政策的重新思考。〔註185〕

次日，蔣中正聽聞美國駐華臨時代辦鍾華德（Howard P. Jones）稱有國務卿命令，欲向蔣中正口頭報告。蔣中正原先允許與其會面，但聽聞報告大意爲對韓反停戰問題，以及美方可能重新考慮對臺政策等，立即中止會面，並稱：「如余果受其美國代辦面告以後，則彼美愚昧蠢物之外交，即使欲收回此極橫暴之威脅語意，亦不可得，則今後對美外交，更無轉回之地矣。」〔註186〕

但隔日閱讀完鍾華德呈上的報告後，得知其是奉政府之命令而來，認爲應予以正式回覆。〔註187〕並認爲「其意乃欲我轉達韓國，以期韓李屈服於其停戰條件也，殊爲可惡也。因之，不能不對杜反擊，予以嚴正之警告，試觀其今後之態度如何矣。」〔註188〕

27日，蔣中正立即致電顧維鈞，令其前往與杜勒斯會談，稱：「余所希望者，爲弱小民族之地位，不致終爲強有力的侵略者所犧牲，從而損害美國對一切弱小民族之領導威信；並鼓勵侵略者發動其他侵略戰爭，必至造成第三次人類之浩劫」；並強調「此爲余兩次通電之動機，倘余之忠實的建議，不被

〔註183〕秦孝儀總編纂，《蔣公大事長編初稿》，卷十二，頁129～130；呂芳上主編，《蔣中正先生年譜長編》，第十冊，頁206，1953年6月23日條。

〔註184〕秦孝儀總編纂，《蔣公大事長編初稿》，卷十二，頁128～129；呂芳上主編，《蔣中正先生年譜長編》，第十冊，頁206～207，1953年6月23日條。

〔註185〕*The Secretary of State to the Embassy in the Republic of China*, June 24, 1953. Foreign Relations of the United States, 1952~1954, China and Japan (in two parts), Volume XIV, Part 1, p.214.

〔註186〕秦孝儀總編纂，《蔣公大事長編初稿》，卷十二，頁132；呂芳上主編，《蔣中正先生年譜長編》，第十冊，頁207，1953年6月25日條。

〔註187〕秦孝儀總編纂，《蔣公大事長編初稿》，卷十二，頁132；呂芳上主編，《蔣中正先生年譜長編》，第十冊，頁208，1953年6月26日條。

〔註188〕秦孝儀總編纂，《蔣公大事長編初稿》，卷十二，頁134；呂芳上主編，《蔣中正先生年譜長編》，第十冊，頁208～209，1953年6月27日條。

充分了解，余將引爲極大之遺憾。」〔註 189〕

29 日，蔣中正接獲艾森豪的回函，此爲回覆蔣中正 6 月 7 日函，對於蔣中正提出韓國問題的三項建議，回應：（一）如在韓國達成光榮停戰，則聯合國所定將共產主義在該不幸國家中之侵略武力，予以阻住之軍事目標，已告完成。美國將決心繼續支持聯合國爲韓國所定之政治目標，即建立一個統一獨立與民主的韓國。（二）吾人將努力經由聯合國及其他方式，以協助大韓民國，維持其幸福與安全，而促成聯合國之政治目標。（三）關於韓國停戰後召開之政治會議，吾人認爲其討論之範圍，在現階段尚不能加以確定；惟吾人決心不使此種會議，成爲討論中華民國完整與安全問題之會議。〔註 190〕

蔣中正則對此復函，稱：「其詞句比較溫和，但其內容與杜勒斯日前威脅之意無異。彼等視我中國與東方民族，一言以蔽之曰『劣等賤種』是也。」〔註 191〕

同日，顧維鈞與杜勒斯會談，顧維鈞致電蔣中正報告，杜勒斯認爲李承晚的主張不會成功；若李承晚堅持己見，恐會導致南韓崩潰，遠東與臺灣均會受影響。顧維鈞將蔣中正之回覆，向杜勒斯傳達後，杜勒斯稱：「美所以出兵援韓，即爲以合作精神扶助弱小民族抵抗共黨侵略；如李總統不肯合作，致美陷於困境而非撤退不可，殊非弱小民族之福。」並希望蔣中正勿給予李承晚任何鼓勵。〔註 192〕聽聞後，蔣稱：「彼杜仍以不可鼓勵李反停戰之語相威脅，當思有以報復之。」並對於韓美情勢似乎已進入決裂狀態，感嘆道：「惟有爲韓李朝夕禱告天父，使其韓國能轉危爲安，終能達成其統一自由與平等獨立之目的，不爲共俄侵害，則幸矣。」〔註 193〕

〔註 189〕「蔣中正自臺北致顧維鈞電」（1952 年 6 月 27 日），〈對美關係（六）〉，《蔣中正總統文物》，國史館藏，典藏號：002-090103-00007-273。

〔註 190〕「艾森豪自華盛頓致蔣中正函」（1953 年 6 月 24 日），〈對美國外交（八）〉，《蔣中正總統文物》，國史館藏，典藏號：002-080106-00030-010；另艾森豪回函之原文，可見：*The Secretary of State to the Embassy in the Republic of China*, June 25, 1953. Foreign Relations of the United States, 1952~1954, China and Japan (in two parts), Volume XIV, Part 1, pp.214~215.

〔註 191〕秦孝儀總編纂，《蔣公大事長編初稿》，卷十二，頁 135；呂芳上主編，《蔣中正先生年譜長編》，第十冊，頁 210，1953 年 6 月 29 日條。

〔註 192〕「顧維鈞自華盛頓致蔣中正電」（1953 年 6 月 29 日），〈對美關係（六）〉，《蔣中正總統文物》，國史館藏，典藏號：002-090103-00007-209；另杜勒斯與顧維鈞會談之記錄，可見於：*Memorandum of Conversation by the Secretary of State,* June 29, 1953. Foreign Relations of the United States, 1952~1954, China and Japan (in two parts), Volume XIV, Part 1, p.216.

〔註 193〕秦孝儀總編纂，《蔣公大事長編初稿》，卷十二，頁 137；呂芳上主編，《蔣中

在此同時，爲解決韓美之間對於停戰的歧見，艾森豪派遣遠東助理國務卿勞勃森（Walter S. Robertson）於 6 月 25 日前往南韓協調。〔註 194〕7 月 1 日，蔣中正與藍欽會面，先澄清杜勒斯懷疑蔣中正鼓勵李承晚一事，蔣稱：「除與貴國政府交換意見外，其他方面如對韓國及全世界，從未說過一句話。實則韓國國會人民及公私方面，均盼我發言，但我仍保持緘默，此即可證明我方無鼓勵李氏氣焰之意」；另也強調自知本身之立場及地位，故不到最後關頭，決不公開發言；但最後關頭一到，則不得不申明我方之意見，屆時發言，將以以下原則爲依據：「（甲）希望韓國勿反對停戰到底，韓方應了解停戰爲美國政府之政策，及美國民眾之要求，並應尊重艾森豪總統之反共領導。（乙）在韓國未能統一以前，美國應予韓國以安全之保障。（丙）韓國於得到安全保障以後，若再欲於政治會議三個月開完無成就時進行武力統一，則爲不合理。」〔註 195〕

可知蔣中正對於此事的態度已有所轉變，不再與李承晚同樣堅持應先簽訂安全協定；亦希望南韓勿反對到底，並強調絕對支持韓戰停戰。應是藉此澄清美國懷疑其爲暗中鼓勵李承晚之幕後主使者。〔註 196〕

隨後立即致電駐韓大使王東原，囑其轉致李承晚總統，並列舉三點：（一）余與艾森豪總統迭有電報往來商討韓局，余正嚴促艾森豪務以最大決心與忍耐與李大統領達成協議，爲此點請其勿對外表態。（二）詢問李大統領可否將勞勃森提議內容、談判經過以及爭執最大之點見告。（三）請李大統領務以極

正先生年譜長編》，第十冊，頁 210，1953 年 6 月 30 條。

〔註 194〕〈駐韓大使館致電外交部檢呈「韓國停戰問題之發展」等文〉，周琇環編，《戰後外交史料彙編──韓戰與反共義士篇（一）》，頁 47。

〔註 195〕「蔣中正與藍欽晤談記錄」（1953 年 7 月 1 日），〈外交──蔣中正接見美方代表談話紀錄（十七）〉，《蔣經國總統文物》，國史館藏，典藏號：005-010205-00079-010；另藍欽對此會議之記錄，向國務院的報告可見：*Memorandum of Conversation by the Ambassador in the Republic of China (Rankin)*, July 1, 1953, FRUS. Foreign Relations of the United States, 1952~1954, China and Japan (in two parts), Volume XIV, Part 1, pp.221~225.

〔註 196〕蔣中正態度的改變，另可見顧維鈞在 7 月 8 日收到外交部 6 月 30 日的電報，要求其在宣傳朝鮮局勢時，應表達支持南韓的意見，顧維鈞在此同時收到蔣中正與藍欽的會談記錄認爲局勢已經改變，這項觀點已不適宜。顧維鈞在 7 月 11 日收到 7 月 4 日外交部的來電，表示朝鮮半島的情勢引起國際間的不安，因此必須慎重行事，並將宣傳指示改爲支持停戰與不在強調支持南韓主張。內容參見：顧維鈞著、中國社會科學院近代史研究所譯，《顧維鈞回憶錄》，第十分冊，頁 171～176。

大耐心與勞勃森及美國達成協議，無論如何勿使局勢決裂。〔註197〕可知蔣中正已改變其立場，轉而勸李承晚務必與美國達成協議。

7 月 2 日，蔣中正接獲艾森豪對其 6 月 23 日之回函，有關蔣建議韓美應簽訂安全協定一事，艾森豪表示願在適當的時機與南韓簽訂協定；但也強調先決條件，是雙方必須能夠相互諒解合作。〔註198〕蔣自記：「晨接愛克第二覆電，其意謂如無合作誠意，雖訂立互助協定，亦必無益，乃指韓李不能與美合作也。」〔註199〕4 日，對於此事自認已盡心力，只能靜觀其變：「至此階段，余以竭盡心力，不能再作進一步之行動，只可到此為止，靜觀其將來之變化如何而已。」〔註200〕

7 日，蔣中正接獲王東原會見李承晚後的報告，李承晚向蔣中正對此斡旋表達感謝，並表示目前與勞勃森尚未取得共識之點在於韓方堅持停戰後之政治會議應有限期，及政治會議後如何準備問題；〔註201〕次如韓方要求釋放仍被拘留之八千反共韓俘，及反對中立國派軍來韓等問題，亦未獲致協議。並對於安全協定一事，表示此為美方提議，韓方所尋求者，為當前生存統一之具體保障，而非未來之安全。

李承晚亦在談話中表達對美方的不滿，認為美國本應保衛民主而戰，如今卻畏懼與蘇聯衝突而中途妥協，犧牲韓、中等亞洲弱小國家。王東原也在報告中指出，李承晚雖不滿意美方之立場，但仍會努力尋求與美方協議的途

〔註197〕「蔣中正自臺北致王東原電」（1953 年 7 月 1 日），〈對韓菲越關係（一）〉，《蔣中正總統文物》，國史館藏，典藏號：002-090103-00009-063。

〔註198〕「艾森豪自華盛頓致蔣中正函」（1953 年 7 月 1 日），〈對美國外交（十一）〉，《蔣中正總統文物》，國史館藏，典藏號：002-080106-00033-015。

〔註199〕秦孝儀總編纂，《蔣公大事長編初稿》，卷十二，頁 139～140；呂芳上主編，《蔣中正先生年譜長編》，第十冊，頁 213，1953 年 7 月 2 日條。

〔註200〕秦孝儀總編纂，《蔣公大事長編初稿》，卷十二，頁 142；呂芳上主編，《蔣中正先生年譜長編》，第十冊，頁 213～214，953 年 7 月 4 日條。

〔註201〕此處所提之政治會議是指勞勃森與李承晚的會談中，表示對美對韓政策為：一、原則上願與韓締結共同防衛條約，保證韓不再受侵略。二、給予韓以軍事經濟援助。三、休戰後之政治會議中與韓取一致步調。四、助韓尋求和平統一。李承晚則提出：一、在戰前中共與聯軍同時撤退。反對印度軍隊入境。二、釋放全部反共俘虜。三、政治會議以三月為限，逾期不能解決韓統一時，即再行作戰等項。二十九日，勞勃森正式答覆不能接受，會談一時幾陷僵局。內容參見：〈駐韓大使館致電外交部檢呈「韓國停戰問題之發展」等文〉，周琇環編，《戰後外交史料彙編——韓戰與反共義士篇（一）》，頁 47。

徑。〔註202〕蔣中正對於李承晚堅持統一的精神感到敬佩，稱：「其見解與精神殊足感佩，惟有朝夕代其默禱上帝，保佑其能貫澈主張，獲得最後成功而已。」〔註203〕

11日，蔣與蔡斯會面時，屬其轉告克拉克與美當局，稱：「對匪如再示弱，則停戰必失敗不成；若能改取強硬，并多容納李承晚意見，先達成内部統一目的，則停戰必成也。」〔註204〕請蔡斯明日返美時向參議院轉達。

12日，韓美會談終成共識，發表共同聲明，對此結果，蔣中正感到欣慰，表示：「此乃反共陣線初步之勝利也。美韓若果決裂，則俄共全勝，而吾人失敗矣。只要其能不決裂即爲勝利之基礎。」〔註205〕15日，聯軍發布最後通牒，促請共方速簽停戰協定，否則會議將無限期休會。19日，共方發表書面聲明，願意接受停戰。25日，韓戰正式停戰。〔註206〕

總結而言，1951年韓戰進入停戰協商階段後，美國對於陷入僵局的局面，感到相當困擾，一直尋求能夠給予中共壓力的策略，便將目光轉向軍隊戰力持續進步的中華民國身上。然而，爲避免戰爭擴大，美方只欲讓國軍進行沿海騷擾，與進攻海南島等局部性攻擊，目的只是給予中共壓力。

然而，蔣中正意圖在於反攻大陸，對於美國的建議興致缺缺，雙方無法達成共識。蔣中正雖對艾森豪有所期待，認爲有望改變局勢；但艾森豪無意擴大戰爭，而是尋求結束戰爭的手法；解除臺海中立化也僅只是給予中共壓力的手段，而非讓蔣中正有所作爲；蔣中正也意識到此爲限制，而非解放。蔣雖對艾森豪的作爲不滿，但仍十分關注韓戰局勢，眼見韓美關係面臨危機，蔣立即居中斡旋，避免反共陣營的分裂。最終韓美終成共識，韓戰順利結束。

〔註202〕「王東原自漢城致蔣中正電」（1953年7月5日），〈對韓菲越關係（一）〉，《蔣中正總統文物》，國史館藏，典藏號：002-090103-00009-062。

〔註203〕秦孝儀總編纂，《蔣公大事長編初稿》，卷十二，頁143；呂芳上主編，《蔣中正先生年譜長編》，第十冊，頁214，1953年7月7日條。

〔註204〕秦孝儀總編纂，《蔣公大事長編初稿》，卷十二，頁147；呂芳上主編，《蔣中正先生年譜長編》，第十冊，頁216，1953年7月11日條。

〔註205〕呂芳上主編，《蔣中正先生年譜長編》，第十冊，頁219，1953年7月12日條。

〔註206〕〈駐韓大使館致電外交部檢呈「韓國停戰問題之發展」等文〉，周琇環編，《戰後外交史料彙編──韓戰與反共義士篇（一）》，頁48～50。

第五章　結　論

　　1949 年甫撤退來臺的蔣中正，面對中共大舉進逼的壓力，曾被迫於 1950
年初，做出主動撤離海南島與舟山群島的決定，以集中兵力保衛臺、澎地區。
雖是主動撤離，但連失兩個重要據點，對於蔣中正而言，延至韓戰爆發前，
實亦已經面臨退無可退的窘境。所以儘管對美關係上，在美國總統杜魯門發
表「放手政策」後，形勢十分悲觀，但蔣中正仍對美國適時伸出援手，抱持
著期待。除了持續關注援華法案之外，也請來柯克，期望能作為與麥克阿瑟
溝通的橋樑，爭取美國軍方對中華民國的支持。雖說韓戰爆發前，蔣中正在
臺灣力圖振作，美國對臺政策也已有改變的跡象，但中華民國政府依舊面對
著嚴峻的考驗，也是不爭的事實。

　　種種困境，讓蔣不禁感嘆：「信神乎？賴人乎？如果賴人，則人世一切希
望與道路皆已斷絕，四顧茫茫，祇見黑暗悽慘，已無我生存立足之餘地。」〔註
1〕韓戰爆發前，蔣認為艾奇遜已與蘇聯密謀，「甲、俄共不侵占臺灣。乙、以
臺灣改為獨立國家，解散我政府而重組之。丙、由中共加入聯合國，取我政
府代表而代之。」所幸韓戰使中華民國政府有了絕處逢生的契機，蔣曾記稱：
「美國竟能授權麥帥動員援韓，此為暴俄所不及料。同時美竟命令其海軍巡
防臺灣海峽，已阻制任何方面對臺之攻擊，實亦俄史（達林）所不料，此乃
美國政府內容之變化。艾其生〔艾奇遜〕扶共抱俄之政策，已為其杜魯門及
其朝野所不容，故有此澈底改變之大舉。」更對此峰迴路轉的過程，歎曰：「公
理正義皆在於我，天父聖靈時時站在我方，彼艾與俄史雖毒辣兇狠，其如於

〔註 1〕　「蔣中正日記」（未刊本），1950 年 6 月 5 日。

我何。」〔註2〕

　　中華民國政府遷臺後，蔣中正在內政外交上，最重視者，厥爲「聯美」、「保臺」、「反攻」三件工作。〔註3〕因此對於韓戰，蔣中正原欲藉由參戰，使中華民國政府能夠再與美國恢復合作，並藉此尋求反攻大陸的契機；且由於聯合國發布通告，希望會員國能夠協助南韓，蔣也希望藉由派軍援韓，以提高中華民國政府的國際地位；並且若能同爲反共陣線，更能防止中共趁機進攻臺灣。所以韓戰期間，自 1950 至 1953 的 3 年當中，臺美之間共有三次派軍援韓的提案，三次發生的時空背景皆不相同，蔣中正在這三次事件中，也呈現出不同的因應思維。

　　第一次派軍援韓之討論，發生於 1950 年 6 月韓戰爆發後。戰前的蔣中正，所考慮即爲「保臺」與「聯美」，戰事的爆發，讓蔣看見機會。在杜魯門宣布「臺海中立化」之後，臺灣既暫時免於中共進攻的危機，蔣中正便想趁機重新恢復與美合作關係。加上聯合國發出指示，要求會員國援助南韓，蔣中正馬上展現派軍援韓的意圖，使其能夠同爲「反共陣線」的一員。

　　第二次派軍援韓的提案，發生於 1950 年 9 月，聯軍展開反攻之後。這次蔣中正之態度，隨著韓戰的發展，而有不同的反應。在 10 月 25 日中共參戰之初，指示何世禮前往拜會麥帥，此時蔣中正已對反攻大陸有所冀望，預期中共參戰後，聯軍應會對於國軍參戰，態度有所轉變，甚至可能主動要求參加。蔣初時猶擬定方案，認定「中共先參加北韓作戰時，美國態度自必大變，不僅要求我派兵增援南韓，而且對我大陸之海空軍攻勢，亦必開放，不再阻礙乎。」抱持著這個想法，蔣自然想趁勢將派軍援韓與反攻大陸相掛勾。

　　第三次派軍援韓的討論，則與前兩次顯得非常不同。此次起於 1951 年 7 月，韓戰進入停戰協商階段，但雙方遲遲未達共識，延宕許久。美國國內輿論對這場戰爭感到厭煩；再加上 1952 年爲美國選舉年，因此美國政府急欲找出突破口，期盼藉由給予中共壓力，能夠加速停戰。而自 1951 年，中華民國與美國重新恢復軍事合作，美軍顧問團來臺協助訓練後，國軍的進步已讓美方感到滿意，於是主動提出動用國軍，以予中共壓力的請求。雖然美國國務院一派依然認爲，直接讓國軍赴韓參戰，可能會導致戰爭擴大；但若只是執

〔註2〕呂芳上主編，《蔣中正先生年譜長編》，第九冊，頁 219，1953 年 7 月 12 日條。
〔註3〕陳立文，〈蔣介石心目中的「三角形戰鬥群」──聯美、保臺與反攻〉，收入於劉維開主編，《蔣中正與民國軍事》，頁 401～435。

行沿海的騷擾，或是進攻離島地區，應是可接受的行動，於是海南島便成為最適當的選項。

然而，三次派軍援韓的討論，都沒有結果。歸納其因：

第一，美國政府係以政治及國際局勢為主要考量，故再三婉拒了蔣中正。對美國而言，其政策走向皆以符合自身最大利益為主，動用國軍意味著必須再與蔣中正綁在一起。美國希望保持對兩岸政策的彈性，不倒向其中一邊，即使中共參戰，美國仍舊對此保持謹慎，不願明確表態。

第二，國際局勢上，美國投鼠忌器，深怕讓國軍參戰，會擴大戰爭，引發第三次世界大戰，這是美國最不願意發生的情況。且若因擴大戰爭，令蘇聯將戰火延伸至歐洲與日本，更是美國所必須避免的，因為美國已在朝鮮半島上投入軍隊，蘇聯卻仍隱身在幕後，若在別處開戰，美國將會深陷於東、西兩地戰場之中。

第三，聯合國會場上，美國恆需英國配合，方能掌握優勢。但英國自始至終就不願意國軍參戰。一方面是英國主張以談和的方式，盡早結束韓戰；另一方面也深恐中華民國政府的參戰，會導致世界大戰的來臨，讓蘇聯趁機進攻西歐。且英國為最早承認中共的西方國家，也並不看好蔣中正領導的中華民國政府能夠重新振作，故強力反對國軍參戰。

第四，甚至南韓的想法，也不贊成中華民國政府派軍援韓。李承晚不樂見國軍參戰的原因，在於國軍若參戰，恐招致前方作戰之混亂，因一旦發現中國人，難以斷定為敵友；且深怕美國會因此，將韓戰視為亞洲戰爭，應由亞洲人自己負責而撤兵；南韓也不願意牽扯進中國內戰，並將戰火延燒到朝鮮半島上；另外，國軍的加入，代表必須與南韓軍隊共享聯軍的武器、裝備等資源，南韓若能獨享，自然不願意國軍來分一杯羹。

至於蔣中正在派軍援韓的課題上，其操作手法，先是將「聯美」的希望，寄託在麥帥身上。麥帥雖然支持國軍援韓，決定權並不在手上，援韓的提案並未獲得首肯。但麥帥的訪臺，讓蔣中正在對美外交斡旋中，找到靠山依靠，使蔣不禁感嘆，麥帥「實為美國軍事政治家惟一之雄才！」

然而，中共參戰後，聯軍不僅未有動用國軍的打算，反而傾向與中共談和，甚至犧牲中華民國在聯合國的席次，向中共妥協，這讓蔣中正深感不安。故 11 月 24 日，聯軍發動「終結戰爭」，與中共戰火再起，蔣中正立即指示何世禮再度拜會麥帥，「如需中國盡力之處，無不竭誠效勞，願共成敗也。」此

次蔣中正便未提及「反攻」一事，可看出對於韓戰瞬息萬變的狀況，其態度也會有所不同。雖然在此過程中，由於聯軍節節敗退，美國內部使用國軍支援的討論逐漸強烈，但隨著聯軍在 1951 年 1 月反攻得手後，支持國軍參戰的聲音也逐漸減少。麥帥遭到解職後，蔣中正也只能暫時放下派軍援韓的想法，致力於「保臺」之上。

延至 1952 年，中華民國已在臺灣站穩腳步，與美國合作關係也逐漸穩固。對蔣中正而言，此時「保臺」與「聯美」的問題改善許多，「反攻大陸」已成爲新階段最看重的一件事。所以美軍將領絡繹來臺，向蔣提出動用國軍，進攻海南島的提案，蔣均予以回絕；並指出「中共只怕我軍反攻大陸，不怕我國軍赴韓或赴越作戰，我軍作戰之發揮，亦只有在反攻大陸時始爲充分」，可見蔣此時已展現其欲「反攻大陸」的想法了。

進攻海南島一事雖未得共識，蔣中正仍對派軍援韓抱有期待，因爲長期與蔣中正不睦的民主黨杜魯門政府即將下臺，共和黨艾森豪政府即將上任。蔣對艾森豪抱持相當大的期待，認爲其有機會改變局勢，甚至助其反攻。可以看出此時蔣中正派軍援韓的目的，已轉爲「提高國際地位，並開創反攻大陸」之契機；至於赴韓參戰，已無之前盡全力支援的積極，而是語帶保留，僅稱能派兩師輪替，一師赴韓、一師駐臺待命云。

不料，艾森豪並無運用國軍赴韓參戰的意圖，其解決韓戰之道乃爲給予中共軍事壓力，迫使中共選擇和談，並非直接擴大戰爭。宣布解除「臺海中立化」，便是這項策略具體的呈現。蔣中正意在反攻、艾森豪不願擴大戰事，兩者並無交集之處，派軍援韓自然宣告破局。歷經三年、三次討論，最終國軍仍舊無緣踏上朝鮮半島，參與韓戰。

總結而言，蔣中正面對三次派軍援韓的討論，根據階段的情勢差異，展現出不同的態度。第一次渴望再與美國恢復合作，於是展現全力支援的意願。第二次雖以爲中共參戰，聯軍必會請求國軍支援，進而有趁機反攻之企圖；但一旦體認國際局勢對之不利，也再次展現彈性，表現出全力支持的態度。第三次則已無「保臺」之顧慮，與美合作亦漸穩固，蔣中正對援韓之態度，已是爲開創反攻大陸之契機，並無全力支持的想法。

從蔣中正三次應對，所展現不同的態度，即可了解韓戰三年，對於中華民國在臺灣，所帶來轉危爲安的關鍵作用。期間的蔣中正，面臨局勢不同，小心謹慎，步步爲營，以免重蹈過去的錯誤。這一點，從其後對於韓美衝突

的斡旋過程，從原本支持李承晚，到杜勒斯發出警告後，轉而力勸李承晚勿破壞反共同盟，同樣也可以得到印證。

　　綜觀關於韓戰期間蔣中正的相關研究，前人之研究著重於蔣中正對於韓戰的認知，與因應韓戰所引發的相關問題，針對蔣中正應對上態度的變化則未有太多著墨之處，這也是本文深入研究之處；另一方面，前人研究論述派軍援韓之議題時，僅以蔣中正之角度論述，缺乏美國對於這項議題的決策過程與雙方之互動。本文則以蔣中正的角度為主，美國的決策過程為輔，並加上當時參與其中的人物回憶錄、言談記錄、相關檔案等，讓本文研究的視野更加廣泛與完善。

　　回顧本文研究，筆者藉由蔣中正的日記與中美政府相關檔案，爬梳出韓戰期間，蔣中正於派軍援韓的議題中態度上的變化，以及美國之決策過程，也對於中美兩國之互動加以補充；綜觀國內的學位論文中，尚未有以蔣中正的角度審視韓戰期間蔣中正的肆應，故期望本論文之研究，能填補學界於這項議題之不足。

　　然而，本文研究僅以韓戰期間所發生之國軍援韓議題為探討核心，對於其他事件如對日和約、韓戰反共義士等議題並未詳加探討；另一方面，韓戰期間，中美兩國逐漸恢復軍事合作的過程，韓戰結束後，隔年雙方也簽訂《中美共同防禦條約》，以蔣中正的角度，探討中美雙方在1950年代的互動過程，是未來可再加以深入研究之處。

附　錄

中英譯名對照 依照內文出現順序

　　柯克 Charles Cooke，美國前第七艦隊司令官

　　麥克阿瑟 Douglas MacArthur，聯軍總司令

　　杜魯門 Harry S. Truman，美國總統

　　諾蘭 William F. Knowland，美國共和黨參議員

　　艾奇遜 Dean Gooderham Acheson，美國國務卿

　　師樞安 Robert C. Strong，美國駐臺北領事館代辦

　　白吉爾 Oscar C. Badger II，美國前第七艦隊司令官

　　白德華 Walton Butterworth，美國國務院遠東助理國務卿

　　馬歇爾 George Catlett Marshall, Jr.，美國國防部長

　　傑塞普 Philip C. Jessup，美國無任所大使

　　傑克森 Donald Jackson，共和黨議員

　　杜勒斯 John Foster Dulles，美國國務院外交顧問、美國國務卿

　　布萊德雷 Omar Bradley，美國參謀長聯席會議主席

　　魯斯克 Dean Rusk，美國遠東事務助理國務卿

　　魏培祿 Charles A. Willoughby，麥克阿瑟所屬參謀長

　　哈里曼 W. Averell Harriman，美國杜魯門總統特別助理

　　史樞波 Arthur Struble，美國第七艦隊司令

　　史達林 Joseph Stalin，蘇聯最高領導人

　　鮑爾溫 Hanson W. Baldwin，紐約時報軍事記者

中英譯名對照　依照內文出現順序

賴伊 Trygve Halvdan Lie，聯合國秘書長

艾德禮 Clement R. Attlee，英國首相

柯林斯 Lawton Collins，美國陸軍參謀長

馬丁 Joseph William Martin, Jr.，美國眾議院共和黨議員

馬利克 Yakov Malik，蘇聯駐聯合國代表

艾森豪 Dwight David Eisenhower，美國總統

肯楠 George F. Kennan，美國國務院顧問

李奇威 Matthew Bunker Ridgway，盟軍總司令

藍欽 Karl L. Rankin，美國駐中華民國大使館臨時代辦暨公使

蔡斯 William C. Chase，美軍顧問團團長

貝特萊 Robert S. Beightler，美國駐沖繩島地面部隊司令

史德萊 Ralph F. Stearley，美國第二十航空隊司令

塔夫脫 Robert Alfonso Taft，美國共和黨參議員

美爾 Frank D. Merrill，美國國家安全會議特使

杜勒斯 Allen Dulles，美國中情局副局長

雷德福 Arthur William Radford，美國太平洋艦隊司令

費克特勒 William Fechteler，美國海軍軍令部長

克拉克 Mark Clark，聯軍總司令

符立德 Van Fleet，聯軍第八軍團司令

福斯特 William Chapman Foster，美國國防部次長

納希 Frank C. Nash，美國國防部長助理

勞伊德 Selwyn Lloyd，英國副外相

周以德 Walter H. Judd，美國共和黨眾議員

歐穆斯德 George Olmstead，美國國防部軍援局局長

艾理生 John M. Allison，美國遠東助理國務卿

馬林科夫 Georgi Malenkov，蘇聯最高領導人

鍾華德 Howard P. Jones，美國駐華臨時代辦

勞勃森 Walter S. Robertson，美國遠東助理國務卿

徵引書目

一、檔案文電

1、國史館藏

（1）蔣中正總統文物

1. 典藏號：002-010400-00018-046，〈籌筆——戡亂時期（十八）〉。

2. 典藏號：002-020400-00029-050，〈革命文獻——蔣總統引退與後方布置（二）〉。

3. 典藏號：002-020400-00029-103，〈革命文獻——蔣總統引退與後方布置（二）〉典藏號：002-020400-00029-140，〈革命文獻——蔣總統引退與後方布置（二）〉。

4. 典藏號：002-020400-00029-158，〈革命文獻——蔣總統引退與後方布置（二）〉。

5. 典藏號：002-020400-00029-162，〈革命文獻——蔣總統引退與後方布置（二）〉。

6. 典藏號：002-020400-00035-065，〈革命文獻——蔣總統復行視事〉。

7. 典藏號：002-020400-00035-066，〈革命文獻——蔣總統復行視事〉。

8. 典藏號：002-020400-00043-091，〈革命文獻——對美外交：一般交涉（二）〉。

9. 典藏號：002-020400-00043-105，〈革命文獻——對美外交：一般交涉（二）〉。

10. 典藏號：002-020400-00043-116，〈革命文獻——對美外交：一般交涉（二）〉。

11. 典藏號：002-020400-00045-121，〈革命文獻──對美外交：財經部分〉。
12. 典藏號：002-020400-00047-026，〈革命文獻──美政府發表中美關係白皮書經過〉。
13. 典藏號：002-040100-00007-002，〈蔣中正致宋美齡函（七）〉。
14. 典藏號：002-040100-00007-015，〈蔣中正致宋美齡函（七）〉。
15. 典藏號：002-040100-00007-018，〈蔣中正致宋美齡函（七）〉。
16. 典藏號：002-060100-00249-023，〈事略稿本──民國三十八年二月〉。
17. 典藏號：002-080101-00037-007，〈粵桂政潮（六）〉。
18. 典藏號：002-080102-00013-008，〈中央情報機關（四）〉。
19. 典藏號：002-080102-00063-013，〈總統對軍事訓示（二）〉。
20. 典藏號：002-080102-00101-004，〈金馬及邊區作戰（二）〉。
21. 典藏號：002-080102-00101-005，〈金馬及邊區作戰（二）〉。
22. 典藏號：002-080102-00101-006，〈金馬及邊區作戰（二）〉。
23. 典藏號：002-080102-00101-007，〈金馬及邊區作戰（二）〉。
24. 典藏號：002-080102-00101-008，〈金馬及邊區作戰（二）〉。
25. 典藏號：002-080102-00101-009，〈金馬及邊區作戰（二）〉。
26. 典藏號：002-080102-00102-003，〈金馬及邊區作戰（三）〉。
27. 典藏號：002-080102-00102-004，〈金馬及邊區作戰（三）〉。
28. 典藏號：002-080106-00011-002，〈國防情報及宣傳（四）〉。
29. 典藏號：002-080106-00029-011，〈對美國外交（七）〉。
30. 典藏號：002-080106-00030-010，〈對美國外交（八）〉。
31. 典藏號：002-080106-00033-005，〈對美國外交（十一）〉。
32. 典藏號：002-080106-00033-015，〈對美國外交（十一）〉。
33. 典藏號：002-080106-00033-020，〈對美國外交（十一）〉。
34. 典藏號：002-080106-00056-001，〈美政要來訪（五）〉。
35. 典藏號：002-080106-00056-002，〈美政要來訪（五）〉。
36. 典藏號：002-080106-00056-003，〈美政要來訪（五）〉。
37. 典藏號：002-080106-00056-004，〈美政要來訪（五）〉。
38. 典藏號：002-080106-00056-005，〈美政要來訪（五）〉。
39. 典藏號：002-080106-00056-010，〈美政要來訪（五）〉。
40. 典藏號：002-080106-00056-011，〈美政要來訪（五）〉。
41. 典藏號：002-080106-00056-013，〈美政要來訪（五）〉。
42. 典藏號：002-080106-00056-014，〈美政要來訪（五）〉。

43. 典藏號：002-080106-00056-015，〈美政要來訪（五）〉。
44. 典藏號：002-080106-00068-009，〈對韓國外交（一）〉。
45. 典藏號：002-080106-00068-013，〈對韓國外交（一）〉。
46. 典藏號：002-080106-00069-002，〈對韓國外交（二）〉。
47. 典藏號：002-080106-00069-004，〈對韓國外交（二）〉。
48. 典藏號：002-080106-00069-008，〈對韓國外交（二）〉。
49. 典藏號：002-080106-00070-002，〈對韓國外交（三）〉。
50. 典藏號：002-080106-00070-003，〈對韓國外交（三）〉。
51. 典藏號：002-080106-00070-012，〈對韓國外交（三）〉。
52. 典藏號：002-080109-00016-014，〈人事——經費（二）〉。
53. 典藏號：002-080200-00340-029，〈一般資料——民國三十九年（一）〉。
54. 典藏號：002-080200-00342-002，〈一般資料——民國三十九年（三）〉。
55. 典藏號：002-090103-00001-247，〈我與聯合國〉。
56. 典藏號：002-090103-00001-248，〈我與聯合國〉。
57. 典藏號：002-090103-00001-259，〈我與聯合國〉。
58. 典藏號：002-090103-00002-199，〈對美關係（一）〉。
59. 典藏號：002-090103-00002-202，〈對美關係（一）〉。
60. 典藏號：002-090103-00002-212，〈對美關係（一）〉。
61. 典藏號：002-090103-00002-217，〈對美關係（一）〉。
62. 典藏號：002-090103-00002-223，〈對美關係（一）〉。
63. 典藏號：002-090103-00002-231，〈對美關係（一）〉。
64. 典藏號：002-090103-00006-222，〈對美關係（五）〉。
65. 典藏號：002-090103-00006-247，〈對美關係（五）〉。
66. 典藏號：002-090103-00007-005，〈對美關係（六）〉。
67. 典藏號：002-090103-00007-017，〈對美關係（六）〉。
68. 典藏號：002-090103-00007-020，〈對美關係（六）〉。
69. 典藏號：002-090103-00007-030，〈對美關係（六）〉。
70. 典藏號：002-090103-00007-064，〈對美關係（六）〉。
71. 典藏號：002-090103-00007-067，〈對美關係（六）〉。
72. 典藏號：002-090103-00007-068，〈對美關係（六）〉。
73. 典藏號：002-090103-00007-071，〈對美關係（六）〉。
74. 典藏號：002-090103-00007-080，〈對美關係（六）〉。

75. 典藏號：002-090103-00007-135，〈對美關係（六）〉。

76. 典藏號：002-090103-00007-140，〈對美關係（六）〉。

77. 典藏號：002-090103-00007-162，〈對美關係（六）〉。

78. 典藏號：002-090103-00007-164，〈對美關係（六）〉。

79. 典藏號：002-090103-00007-183，〈對美關係（六）〉。

80. 典藏號：002-090103-00007-189，〈對美關係（六）〉。

81. 典藏號：002-090103-00007-209，〈對美關係（六）〉。

82. 典藏號：002-090103-00009-062，〈對韓菲越關係（一）〉。

83. 典藏號：002-090103-00009-063，〈對韓菲越關係（一）〉。

84. 典藏號：002-090104-00001-319，〈領袖復行視事（一）〉。

85. 典藏號：002-090104-00001-324，〈領袖復行視事（一）〉。

86. 典藏號：002-090104-00001-329，〈領袖復行視事（一）〉。

87. 典藏號：002-090104-00001-330，〈領袖復行視事（一）〉。

88. 典藏號：002-090104-00001-344，〈領袖復行視事（一）〉。

89. 典藏號：002-090106-00017-450，〈領袖指示補編（十七）〉。

90. 典藏號：002-090106-00017-454，〈領袖指示補編（十七）〉。

91. 典藏號：002-090300-00016-404，〈製造各地暴動（五）〉。

92. 典藏號：002-090300-00016-405，〈製造各地暴動（五）〉。

93. 典藏號：002-090300-00017-267，〈種種不法罪行（一）〉。

94. 典藏號：002-090300-00018-215，〈種種不法罪行（二）〉。

95. 典藏號：002-090300-00018-216，〈種種不法罪行（二）〉。

96. 典藏號：002-090300-00201-154，〈武裝叛國（一七八）〉。

97. 典藏號：002-090300-00201-159，〈武裝叛國（一七八）〉。

98. 典藏號：002-090300-00201-160，〈武裝叛國（一七八）〉。

99. 典藏號：002-090300-00201-161，〈武裝叛國（一七八）〉。

100. 典藏號：002-090300-00201-162，〈武裝叛國（一七八）〉。

101. 典藏號：002-090300-00201-163，〈武裝叛國（一七八）〉。

102. 典藏號：002-090300-00201-164，〈武裝叛國（一七八）〉。

103. 典藏號：002-090300-00201-165，〈武裝叛國（一七八）〉。

104. 典藏號：002-090300-00201-166，〈武裝叛國（一七八）〉。

105. 典藏號：002-090300-00201-167，〈武裝叛國（一七八）〉。

106. 典藏號：002-090300-00201-168，〈武裝叛國（一七八）〉。

107. 典藏號：002-090300-00201-193，〈武裝叛國（一七八）〉。

108. 典藏號：002-090300-00201-197，〈武裝叛國（一七八）〉。

109. 典藏號：002-090300-00201-216，〈武裝叛國（一七八）〉。

110. 典藏號：002-090300-00201-217，〈武裝叛國（一七八）〉。

111. 典藏號：002-090300-00201-219，〈武裝叛國（一七八）〉。

112. 典藏號：002-090300-00201-220，〈武裝叛國（一七八）〉。

113. 典藏號：002-090300-00201-223，〈武裝叛國（一七八）〉。

114. 典藏號：002-090300-00201-225，〈武裝叛國（一七八）〉。

（2）蔣經國總統文物

　1. 典藏號：005-010202-00093-001，〈軍事——孫立人呈蔣中正函稿〉。

　2. 典藏號：005-010202-00088-004，〈軍事——蔣中正與美方將領談話紀錄（一）〉。

　3. 典藏號：005-010202-00088-006，〈軍事——蔣中正與美方將領談話紀錄（一）〉。

　4. 典藏號：005-010205-00079-006，〈外交——蔣中正接見美方代表談話紀錄（十七）〉。

　5. 典藏號：005-010205-00079-010，〈外交——蔣中正接見美方代表談話紀錄（十七）〉。

　6. 典藏號：005-010205-00108-001，〈外交——蔣中正接見美方軍事將領談話紀錄（一）〉。

　7. 典藏號：005-010205-00108-004，〈外交——蔣中正接見美方軍事將領談話紀錄（一）〉。

（3）陳誠副總統文物

　1. 典藏號：008-010101-00002-096，〈文電甲類（下冊）〉。

2、檔案管理局藏

（1）國防部史政編譯局檔案

　1. 檔號：A303000000B/0040/422.5/1，《外交部檔案》。

　2. 檔號：0038/003.5/5090，《國防部史政編譯局檔案》。

　3. 檔號：0038/543.4/7421，《國防部史政編譯局檔案》。

　4. 檔號：0038/543.64/5090，《國防部史政編譯局檔案》。

3、中央研究院近代史研究所檔案館藏

　1. 館藏號：30-01-003-1-022，《行政院經濟安定委員會》。

二、已出版史料

1. 中共中央文獻研究室編輯，《建國以來毛澤東文稿》第一冊，北京：中央文獻出版社，1987 年 11 月初版。

2. 吳淑鳳等編輯，《中華民國政府遷臺初期重要史料彙編：中美協防（二）》，臺北：國史館，2014 年 12 月初版。

3. 呂芳上主編，《蔣中正先生年譜長編》，第九冊，臺北：國史館，2015 年 12 月初版。

4. 呂芳上主編，《蔣中正先生年譜長編》，第十冊，臺北：國史館，2015 年 12 月初版。

5. 沈志華主編，《朝鮮戰爭：俄國檔案館的解密文件（中）》，臺北：中央研究院近代史研究所，2003 年 7 月初版。

6. 沈志華主編，《朝鮮戰爭：俄國檔案館的解密文件（下）》，臺北：中央研究院近代史研究所，2003 年 7 月初版。

7. 周琇環編，《戰後外交史料彙編——韓戰與反共義士篇（一）》，臺北：國史館，2005 年 5 月初版。

8. 秦孝儀主編，《先總統蔣公圖像墨跡集實》，臺北：近代中國出版社，1984 年 2 月初版。

9. 秦孝儀主編，《總統蔣公思想言論總集》，臺北：中國國民黨中央委員會黨史委員會，1984 年 10 月初版。

10. 秦孝儀總編纂，《蔣公大事長編初稿》，卷七（下冊），臺北：中正文教基金會，1978 年 10 月初版。

11. 秦孝儀總編纂，《蔣公大事長編初稿》，卷九，臺北：中正文教基金會，2002 年 12 月初版。

12. 秦孝儀總編纂，《蔣公大事長編初稿》，卷十，臺北：中正文教基金會，2003 年 12 月初版。

13. 秦孝儀總編纂，《蔣公大事長編初稿》，卷十一，臺北：中正文教基金會，2004 年 12 月初版。

14. 秦孝儀總編纂，《蔣公大事長編初稿》，卷十二，臺北：中正文教基金會，2005 年 12 月初版。

15. 葉惠芬等校編，《陳誠先生日記（二）》，臺北：國史館，2015 年 7 月初版。

16. 葉惠芬編，《蔣中正總統檔案：事略稿本 73——民國三十七年二月（下）至三月》，臺北：國史館，2013 年 9 月初版。

17. 葉惠芬編，《蔣中正總統檔案：事略稿本 74——民國三十七年四月至五月》，臺北：國史館，2013 年 9 月初版。

18. 葉健青編，《蔣中正總統檔案——事略稿本 81——民國三十八年七月（下）至九月》，臺北：國史館，2013 年 6 月初版。

19. 薛月順編，《陳誠先生回憶錄：建設臺灣（上）》，臺北：國史館，2005年 7 月初版。

三、日記、回憶錄、傳記、口述歷史

1. Dwight David Eisenhower 著、樊迪、淨海等譯，《艾森豪威爾回憶錄（二）》，東方出版社，2007 年初版。

2. Dean Gooderham Acheson 著、上海《國際問題資料》編輯組譯，《艾奇遜回憶錄（上）》，上海：上海譯文出版社，1978 年 4 月初版。

3. Nathaniel Peffer & Martin Wilbur 訪問整理 吳修垣譯，《從上海市長到「臺灣省主席」——吳國楨口述回憶》，上海：上海人民出版社，1999 年 11月初版。

4. Harry S. Truman 著、李石譯，《杜魯門回憶錄，第二卷：考驗和希望的年代 1946～1953》，北京：生活、讀書、新知三聯書店，1974 年 10 月初版。

5. Karl L. Rankin 著、徵信新聞報編譯室譯，《藍欽使華回憶錄》，臺北：徵信新聞報，1964 年 10 月初版。

6. MacArthur 著、張瓊譯，《麥克阿瑟回憶錄》，臺南：文國書局，1985 年初版。

7. 沈錡，《我的一生——沈錡回憶錄》，臺北市：聯經出版社，2000 年 12月初版。

8. 周宏濤口述、汪士淳著，《蔣公與我——見證中華民國關鍵變局》，臺北：天下遠見出版社，2003 年 9 月初版。

9. 周琇環、張世瑛、馬國正訪問；周維朋記錄，《韓戰反共義士訪談錄》，臺北：國史館，2013 年 6 月初版。

10. 邵毓麟，《使韓回憶錄》，臺北市：傳記文學出版社，1980 年 11 月初版。

11. 張震，《張震回憶錄（下）》，北京：中國人民解放軍出版社，2003 年 11月初版。

12. 陳存恭、張力訪問，張力紀錄，《石覺先生訪問紀錄》臺北：中研院近史所，1986 年 2 月初版。

13. 陶晉生編，《陶希聖日記（上）》，臺北：聯經出版社，2014 年 12 月初版。

14. 董顯光著、曾虛白譯，《董顯光自傳：報人、外交家與傳道者的傳奇》，臺北：獨立作家，2014 年 11 月 BOD 一版。

15. 鄧克雄主編，《美軍顧問團在臺工作口述歷史》，臺北市：國防部史政編譯室，2008 年 5 月初版。

16. 顧維鈞著、中國社會科學院近代史研究所譯，《顧維鈞回憶錄》，第七卷，第七分冊，北京：中華書局，1988 年 2 月初版。

17. 顧維鈞著、中國社會科學院近代史研究所譯，《顧維鈞回憶錄》，第七卷，第九分冊，北京：中華書局，1989 年 5 月初版。

18. 顧維鈞著、中國社會科學院近代史研究所譯，《顧維鈞回憶錄》，第七卷，第八分冊，北京：中華書局，1989 年 3 月初版。

19. 顧維鈞著、中國社會科學院近代史研究所譯，《顧維鈞回憶錄》，第七卷，第十分冊，北京：中華書局，1989 年 9 月初版。

四、專著

1. David Halberstam 著、王祖寧等譯，《最寒冷的冬天：韓戰眞相解密》，新北市：八旗文化，2012 年 3 月初版。

2. John Toland 著、孟慶龍等譯，《韓戰：漫長的戰鬥》〔上、下冊〕，臺北市：麥田出版社，2000 年 6 月初版二刷。

3. Tsou Tang 著、王寧、周先進譯，《美國在中國的失敗 1941～1950》，上海：上海人民出版社，1997 年 9 月初版二刷。

4. 中國人民解放軍第四野戰軍戰史編委會編，《中國人民解放軍第四野戰軍戰史》，北京：中國人民解放軍出版社，1998 年 10 月初版。

5. 中國人民解放軍歷史資料叢書編審委員會編，《解放戰爭戰略追擊·華東地區》，北京：中國人民解放軍出版社，1998 年 3 月初版。

6. 汪浩，《冷戰中的兩面派：英國的臺灣政策 1949～1958》，臺北：有鹿文化，2014 年 4 月初版。

7. 沈克勤編著，《孫立人傳（下）》，臺北：臺灣學生書局，1998 年 2 月初版。

8. 林孝庭，《臺海、冷戰、蔣介石：解密檔案中消失的臺灣史 1949～1988》，臺北：聯經出版社，2015 年 7 月初版。

9. 翁臺生，《CIA 在臺活動秘辛——西方公司的故事》，臺北：聯經出版社，1991 年 5 月初版。

10. 國防大學《戰史簡編》編寫組編，《中國人民志願軍戰史簡編》，北京：中國人民解放軍出版社，2003 年 1 月初版。

11. 張淑雅，《韓戰救臺灣？解讀美國對臺政策》，臺北：衛城出版社，2011 年 10 月初版。

12. 梁敬錞，《中美關係論文集》，臺北市：聯經出版社，1982 年 3 月初版。

13. 野島剛著、蘆荻譯，《最後的帝國軍人：蔣介石與白團》，臺北：聯經出版公司，2015 年 1 月初版。

14. 陳志奇，《美國對華政策三十年》，臺北：中華日報社，1981 年 5 月初版。

15. 陳玲，《舟山撤退機密檔案：六十年前的一頁滄桑》，臺北：時英出版社，2010 年 8 月初版。

16. 陳毓鈞，《戰爭與和平：解析美國對華政策》，臺北：環宇出版社，1997 年 1 月初版。

17. 陶文釗主編，《中美關係史（中卷）1949～1972》，上海：上海人民出版社，2004 年 7 月初版。

18. 覃怡輝，《金三角國軍血淚史：1950～1981》，臺北：中央研究院，聯經出版社，2009 年 11 月初版。

19. 資中筠，《追根溯源：戰後美國對華政策的源起與發展，1945～1950》，上海：上海人民出版社，2000 年 10 月初版。

20. 趙既昌，《美援的運用》，臺北市：聯經出版社，1985 年 6 月初版。

21. 劉國銘，《中國國民黨百年人物全書》，北京：團結出版社，2005 年 12 月初版。

22. 蔣經國著，《風雨中的寧靜》，臺北市：黎明出版社，1975 年第五版。

23. 鄭宏泰、黃紹倫，《香港將軍——何世禮》，香港：三聯書店有限公司，2008 年 12 月初版。

24. 戴萬欽，《中國由一統到分割：美國杜魯門政府之對策》，臺北：時英出版社，2000 年 3 月初版。

25. 瓊崖武裝鬥爭史辦公室，《瓊崖縱隊史》，廣州：廣東人民出版社，1998 年。

五、專文

1. 文馨瑩，〈美援與臺灣的依賴發展〉，國立臺灣大學政治學研究所碩士論文，1989 年。

2. 王楚英，〈蔣介石三次圖謀派兵參與朝鮮戰爭〉，《百年潮》2010 年第 8 期，北京：中國中共黨史學會，2010 年，頁 60～66。

3. 何立波，〈蔣介石為何三次無緣朝鮮戰爭〉，《蘭臺內外》，2011 年第 4 期，吉林：吉林省檔案局，2011 年，頁 52～53。

4. 周琇環，〈美國的經援與軍援〉，收錄於呂芳上主編，《戰後初期的臺灣（1945～1960s）》，臺北市：國史館，2015 年 10 月初版，頁 285～322。

5. 林正義，〈韓戰對中美關係的影響〉，《美國研究》第 19 卷第 4 期，臺北：中央研究院美國文化研究所，1989 年 12 月，頁 81～122。

6. 林孝庭，〈私人化的國家政策：蔣中正、查理柯克與 1949～1951 年間的臺美軍事與安全關係〉，收錄於黃克武主編，《遷臺初期的蔣中正》，臺北：

國立中正紀念堂管理處，2011 年 11 月，頁 417～469。

7. 林桶法，〈金門的撤守問題──以蔣日記與蔣檔爲中心的探討〉，收錄於
呂紹理、唐啓華、沈志華主編，《冷戰與臺海危機》（臺北市：政大歷史
系，2010 年初版）頁 55～81。

8. 林泓，〈解析蔣介石熱衷「出兵」朝鮮之動因〉，《漳州師範學院學報：哲
學社會科學版》，第 54 期，2005 年第 1 期，福建：漳州師範學院，2005
年，頁 89～92。

9. 張淑雅，〈不解之解：美國對臺「戰略模糊」政策的緣起與發展〉，呂芳
上主編，《近代國家的型塑：中華民國建國一百年國際學術討論會論文
集》，臺北：國史館，2013 年 6 月初版，頁 715～756。

10. 張淑雅，〈中美共同防禦條約的簽訂：一九五〇代中美結盟過程之探討〉，
《歐美研究》第 24 卷第 2 期，臺北：中央研究院歐美研究所，1994 年 6
月，頁 51～99。

11. 張淑雅，〈近二十年來的韓戰研究概況〉，《近代中國》，第 137 期，臺北：
近代中國雜誌社，2000 年 6 月，頁 105～116。

12. 張淑雅，〈美國對臺政策轉變的考察，1950 年 12 月～1951 年 5 月〉，《中
央研究院近代史研究所集刊》第 19 期，臺北：中央研究院近代史研究所，
1990 年 6 月，頁 469～486。

13. 張淑雅，〈韓戰期間美國對臺軍援政策初探〉，《中華民國建國八十年學術
討論集》（第二冊），《國際關係史》，臺北：近代中國出版社，1991 年 12
月初版，頁 468～510。

14. 張淑雅，〈一九五〇年代美國對臺決策模式分析〉，《中央研究院近代史研
究所集刊》第 40 期，臺北：中央研究院近代史研究所，2003 年 6 月，
頁 1～54。

15. 張淑雅，〈藍欽大使與一九五〇年代的美國對臺政策〉，《歐美研究》卷
28 第 1 期，中央研究院歐美研究所，1998 年 3 月，頁 193～262。

16. 陳立文，〈蔣介石心目中的「三角形戰鬥群」──聯美、保臺與反攻〉，
收錄於劉維開主編，《蔣中正與民國軍事》，臺北：中正紀念堂，2013 年
12 月初版，頁 401～435。

17. 劉統，〈1950 年中蘇聯合上海防空保衛戰〉，華東師範大學當代史研究中
心編，《中國當代史研究》，北京：九州出版社，2011 年 8 月初版，頁 169
～173。

18. 劉維開，〈蔣中正對韓戰的認知與因應〉，收錄於陳立文主編，《蔣中正與
民國外交 II》，臺北市：中正紀念堂，2014 年 12 月初版，頁 39～73。

19. 劉維開，〈防衛舟山與舟山撤退〉，收錄於呂紹理、唐啓華、沈志華主編，
《冷戰與臺海危機》（臺北市：政大歷史系，2010 年初版）頁 29～54。

六、西文檔案

1. Department of State, Foreign Relations of the United States, 1950, East Asia and the Pacific, Volume VI. Washington, D.C.: United States Government Printing Office, 1976.

2. ――Foreign Relations of the United States, 1950, Korea, Volume VII. Washington, D.C.: United States Government Printing Office, 1976.

3. ――Foreign Relations of the United States, 1951, Korea and China, Volume VII, Part 1. Washington, D.C.: United States Government Printing Office, 1983.

4. ――Foreign Relations of the United States, 1951, Korea and China, Volume VII, Part 2. Washington, D.C.: United States Government Printing Office, 1983.

5. ――Foreign Relations of the United States, 1952~1954. China and Japan (in two parts): Volume XIV, Part 1. Washington, D.C.: United States Government Printing Office, 1985.

6. ――Foreign Relations of the United States, 1952~1954. China and Japan (in two parts): Volume XIV, Part 2. Washington, D.C.: United States Government Printing Office, 1985.

7. ――Foreign Relations of the United States, 1952~1954. Korea (in two parts): Volume XV, Part 1. Washington, D.C.: United States Government Printing Office, 1984.

8. ――Foreign Relations of the United States, 1952~1954. Korea (in two parts): Volume XV, Part 2. Washington, D.C.: United States Government Printing Office, 1984.

七、西文專著

1. James F. Schnabel and Robert J. Watson, *History of the Joint Chief of Staff, The Joint Chief of Staff and National Policy, Volume III 1951~1953, The Korean War Part Two*. Washington, DC: Office of the Chairman of the Joint Chiefs of Staff, 1998.

2. Richard Michael Gibson (Author), Wen H. Chen (Contributor), *The Secret Army: Chiang Kai~shek and the Drug Warlords of the Golden Triangle* (Singapore: John Wiley & Sons (Asia) Pte. Ltd, 2011).

3. Tang Tsou, *America's Failure in China, 1941~1950*. Chicago: The University of Chicago Press, 1963.